W0376915

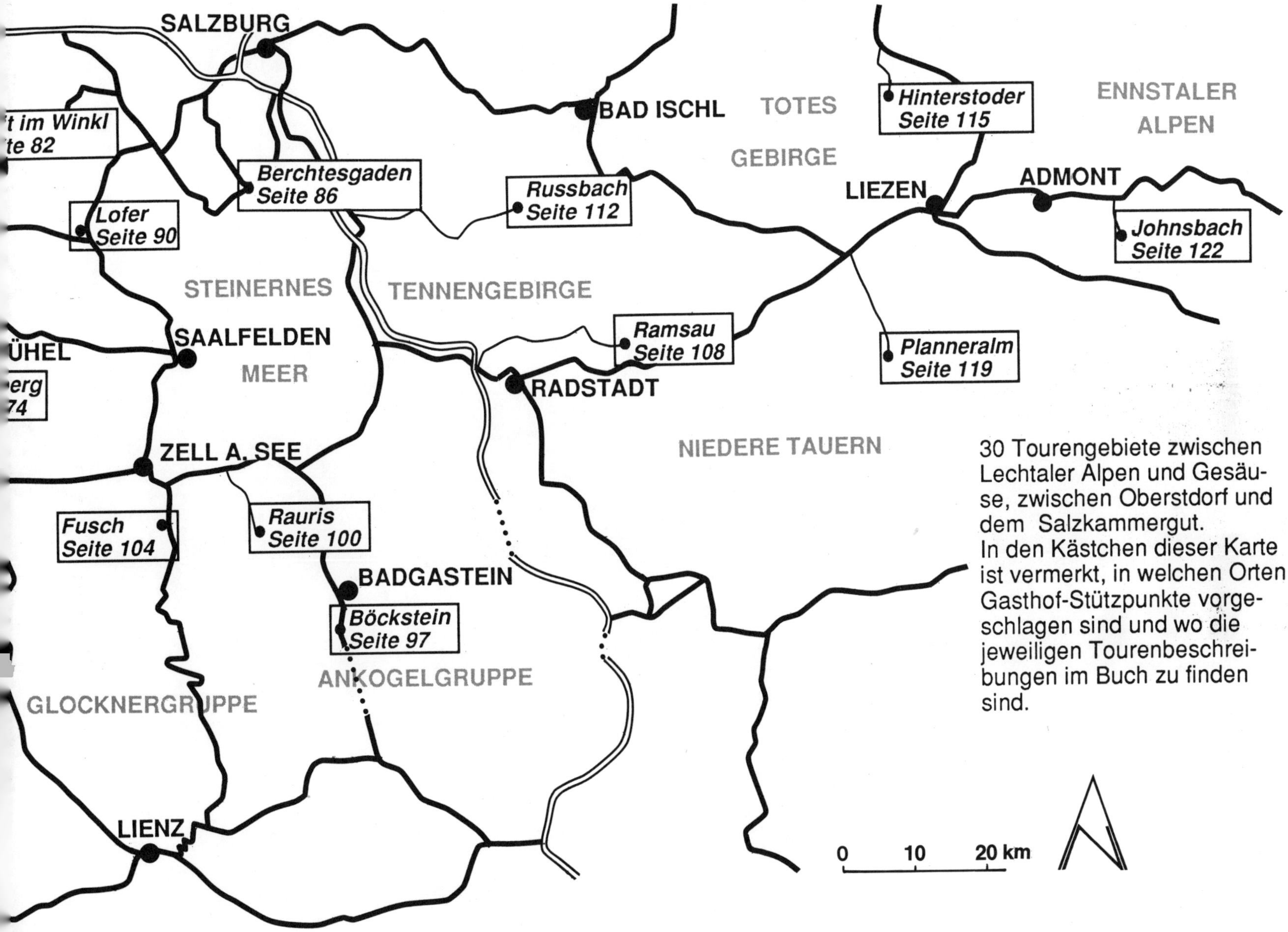

30 Tourengebiete zwischen Lechtaler Alpen und Gesäuse, zwischen Oberstdorf und dem Salzkammergut.
In den Kästchen dieser Karte ist vermerkt, in welchen Orten Gasthof-Stützpunkte vorgeschlagen sind und wo die jeweiligen Tourenbeschreibungen im Buch zu finden sind.

Inhaltsverzeichnis

	4	Bildnachweis
	6/7	Zu den Gasthof-Stützpunken – Zu den Skitouren
	9	Bitte lesen, lesen, lesen! (Hinweise)
	128	Zum Nachschlagen: Gipfel, Scharten, Touren, Orte
Große Touren in großer Einsamkeit	**10**	Skifahrten im mittleren Lechtal
Pulverschnee und Frühjahrsfirn	**14**	Das Tannheimer Tal bietet viel Abwechslung
Vis-à-vis von der Zugspitze	**18**	Gipfel in den Mieminger und Ammergauer Bergen
Skigipfel über olympischen Loipen	**22**	Leutasch liegt zwischen Karwendel und Miemingern
Abseits der Ötztaler Modeberge	**26**	Lange, wenig bekannte Touren von Obergurgl
Tiefschnee im Fotscher Tal	**30**	Das Dorf Sellrain als Tourenstandort
Die schönsten Stubaier Skigipfel	**33**	Praxmar als Ideal-Stützpunkt
Zwischen Kühtai und Sellrain	**37**	Zwei- und Dreitausender der Innsbrucker Spezialisten
Neun Gletscher-Dreitausender	**41**	Hochtouren der Ötztaler Berge aus dem Pitztal
Fünf Ziele westlich des Brenners	**45**	Das Obernbergtal hat hohe Tiefschnee-Qualitäten
Tuxer Paradegipfel	**50**	Navis ist eine Tourenwoche wert
Wattens wartet auf Gäste	**54**	Vom Inntal zu den Tuxer Modetouren
Die Hausberge der Münchner	**58**	Fünf Vorgebirgstouren rund um Bayrischzell
Hochwinter in der Wildschönau	**62**	Bekannte Skiberge der westlichen Kitzbüheler
Große Touren am Rande der Zillertaler	**66**	Gipfel rund um Gerlos
Ein Wirtshaus und fünf Touren	**70**	Geheimtip: Windautal
Abseits der Lift- und Pistenhänge	**74**	Zwischen Kitzbühel und Paß Thurn
Kaiserliche Skitouren	**78**	Fünf Skiberge vom alten Wirtshaus Griesenau
Hochwinter im Chiemgau	**82**	Reit im Winkl – nicht nur für Langläufer
Rund um den Watzmann	**86**	Hochalpine Gipfelfahrten im Berchtesgadener Land
1600–2000 Höhenmeter	**90**	Lange Touren rund um Lofer
Der Großvenediger und seine Nachbarn	**94**	Die Postalm als Bergsteiger-Stützpunkt
Der Ankogel ist eine Reise wert	**97**	Böckstein im Gasteiner Tal bietet vieles
Goldgräberdorf Rauris	**100**	Sonnblick, Schareck, Hocharn und andere
Am Rande der Hohen Tauern	**104**	Unbekannte Skigipfel rund um Fusch
König Dachstein	**108**	Riesenabfahrten und Klassetouren aus der Ramsau
Skitouren im Salzkammergut	**112**	Zwischen Tennengebirge und Paß Gschütt
Spätfrühjahrsfahrten im Toten Gebirge	**115**	Kare und Gipfel rund um Hinterstoder
Einsteiger auf die Planneralm!	**119**	Kurze Skitouren über sanfte Hänge
Große Gesäusefahrten	**122**	Sechs Klasse-Touren rund um Johnsbach

Zu den Gasthof-Stützpunkten

Skitourengehen und Einkehr in Gasthöfe ist keine totale Abkehr vom Hüttenleben, sondern eine Variante – und eine sehr angenehme. Sie ist wohl die Folge, wenn man ein reiches Skitourenleben schätzt, ein wenig älter wird und es nicht mehr ganz so lustig findet, in kargen Matratzenlagern neben schnarchenden Nachbarn mehr oder weniger gut zu nächtigen und alle Unbilden zu schlucken, nur weil's halt so „pfundig" ist. Nun wird ein Skitourengeher nicht gleich ins nächste Grandhotel umsteigen, aber ein bißchen Komfort, zum Beispiel Dusche und ein eigenes Zimmer, wird er zu schätzen wissen. Ferner den Vorteil, daß Freunde, Kinder, Partner, Nichttourengeher von den Urlaubs- und Wochenendtagen nicht ausgeschlossen sind. Für sie alle habe ich die anderen Sportarten am Stützpunkt angegeben.

Meine Auswahl der Gasthöfe erfolgte auch größtenteils nach den Kriterien. Solide Behaglichkeit, „gewachsene", bodenständige Gastronomie, nicht zu teuer (ansonsten ist zusätzlich eine preiswertere Möglichkeit zur Übernachtung angegeben), Aufgeschlossenheit der Wirtsleute gegenüber Skitourenfahrern, wie zum Beispiel ein Frühstück außerhalb der Normalzeiten und kurzzeitige Übernachtungsmöglichkeit, zum Beispiel am Wochenende. Und ausgewählt habe ich, in Abstimmung mit meinem Mitautor Christoph Stiebler, nach dem günstigsten Standort des Gasthofs für den „Einstieg" zu den Skitouren. Das unter den Hut zu bringen, war gar nicht einfach!

Skitourengehen ist für mich nicht nur das Erlebnis draußen im Kreis meiner Freunde, Tourengehen ist genauso ein geselliges Erlebnis bei der Einkehr nach einem gelungenen Tag: ein gutes Essen, genüßlichste Rückschau, das „Aufziehen" untereinander, weil jemand besonders „sauber" gestürzt ist, im Bach verschwand oder ganz einfach mal den Aufstieg nicht schaffte, weil er einen schlechten Tag hatte. Aber die Anstrengungen sind rasch vergessen und was bleibt, sind die bekannten Superlative unter Skitourengehern: „Mei, des war pfundig", „des war sche" und „bärig" und „Klasse" und das unvermeidliche „Spitze"!

Marlene Rösch

Zu den Skitouren

Bergsteigen ist eine Chance, Abstand zu gewinnen vom Alltag. Erst aus der Distanz, aus der Höhe zeigt sich die Relation. Wir leben meist zu „kopfgesteuert", haben viel zu wenig Bewegung und der Kontakt zur Natur ist fast verloren. Wir sollten versuchen, die Harmonie aus Bewegung und Rast durch ein Auf und Ab wiederzufinden. Das erklärt vielleicht, warum der Bergsport so beliebt geworden ist.
Zum Bergsteigen gehört auch das Skibergsteigen, das Tourengehen. Eigentlich hat das Skifahren ja als Tourenfahren begonnen; Lifts und Bahnen haben es zum Pistensport pervertiert. Seit Jahren schlägt nun das Pendel wieder zurück, weg von der Piste. Die einen finden ihr Erlebnis in der Langlaufspur, andere an Tiefschneehängen neben der Piste, und immer mehr auf der Skitour mit ihrem mühsamen Aufstieg, mit Rast auf dem Gipfel und Abfahrt über freie, unberührte Hänge.
160 Skitouren von 30 Talgasthöfen stellen wir vor. Dabei wissen wir natürlich, daß für die meisten Gipfel über dreitausend oder viertausend Meter auch weiterhin die Alpenvereinshütten wichtiger Stützpunkt bleiben werden. Aber es gibt überraschend viele Skiziele, die man bequem, wenn auch manchmal mit etwas mehr Zeitaufwand, vom Tal aus besteigen kann. Und es gibt Orte, die für einen längeren Tourenaufenthalt ideal sind. Nicht zuletzt wegen der Energieeinsparung sollten wir versuchen, Autoan- und -rückfahrten zu reduzieren. Schließlich bedeuten 200 PKW-Kilometer Kosten von DM 50,– bis 100,– oder je nach Ausgangspunkt 1000,– öS, ein Betrag, für den man gemütlich im Wirtshaus übernachten kann, um die nächste Tour ausgeruht angehen zu können.
Nehmen wir also in Zukunft Langlaufski, Saunazeug oder Tennisschläger mit, wenn wir Skitouren vom Talstützpunkt aus machen wollen. Dann können wir einen Schlechtwettertag mit anderen Sportarten ausfüllen. Damit wäre den Wetterunbilden beim Skitourengehen ein Schnippchen geschlagen! Genießen wir als Tourengeher die Vorzüge eines gemütlichen Talquartiers!

Christoph Hinkel

Bitte lesen, lesen, lesen!

Unser Foto (links) zeigt den Gipfel des Zwieselbacher Roßkogels – Tourengeher am Ziel, schönes Wetter, weite Fernsicht. Der Gipfel ist der Höhepunkt jeder Tour. Die Abfahrt ist es nicht immer. Aber, bis man auf dem Gipfel steht, braucht man Informationen und Vorbereitungen. Hier soll dieses Einführungskapitel ein wenig helfen.

Die Beschreibungen und Skizzen zu den einzelnen Touren sind – im Rahmen dieses Buches – so ausführlich wie möglich. Sie sollen den Gebietsführer oder die genaue Karte nicht ersetzen. Die Aufstiegszeiten sind für gute Schneeverhältnisse und trainierte Bergsteiger bemessen. Wenn keine Aufstiegsspur vorhanden ist, bei tiefem Schnee und mit viel Gepäck können sie sich erheblich verlängern.

Leider können die Skizzen nicht alle im gleichen Maßstab sein, weil die dargestellten Gebiete sehr unterschiedlich groß sind. Es ist aber immer eine km-Skala angegeben, damit man die Entfernungen richtig einschätzen kann.

Die Angabe der Hangrichtung soll der Einschätzung der Lawinensituation dienen. Erfahrungsgemäß passieren 80% aller Lawinenunfälle auf Hängen mit Nordost- bis Südostrichtung, während Südhänge günstiger sind. Freilich bieten diese häufig weniger guten Schnee und sind um die Mittagszeit selten genußvoll zu befahren. Nach der Hangrichtung wird also der erfahrene Tourengeher dann seine Auswahl treffen, welche Tour er je nach den Schneeverhältnissen, nach Jahreszeit und Tageszeit am besten angeht oder lieber unterläßt.

Der Spaß an der Skitour hängt vom Rucksackgewicht ab, von der Aufstiegsspur, von der Abfahrt und natürlich vom gesamten landschaftlichen Eindruck. Beim Rucksack bin ich der Meinung, daß meist viel zu viel mitgeschleppt wird. Nichts gegen das Notwendigste (es wird anschließend aufgeführt) – aber wer Bierdosen, für kurze Touren eine Riesenbrotzeit, die 1-Kilo-Kamera, das Fernglas, Ersatzhandschuhe und Ersatzfelle für eine Tagestour mitnimmt, dem ist nicht zu helfen. Vor allem Anfänger oder konditionsschwächere Bergsteiger sollten sich auf ein Minimum im Rucksack beschränken. Der schwere Rucksack läßt Aufstieg und Abfahrt für viele zur Plage werden. Schön, wenn eine Aufstiegsspur vorhanden ist. Wer aber im tiefen Schnee als Erster spuren muß, hat etwa 25% mehr zu leisten als die Nachfolgenden. Leider werden die Spuren heute zu steil angelegt und sind ohne Steighilfe nur mühsam zu begehen. Ich würde mir manchmal eine flachere, dem Gelände angepaßtere Spur wünschen.

Die Schneeart vom schönsten Pulverschnee über „schweren Pulver", Pappschnee, Sumpf, Harsch, Bruchharsch bis zu Eisplatten an Graten kann man sich, ist man erst einmal auf Tour, kaum noch aussuchen. Hier gilt eben: vorher überlegen. Bei viel Neuschnee lieber in tieferen Lagen (im Baumbereich) bleiben; bei sehr warmem Wetter ohne Nachtfrost lieber einmal aussetzen und im Tal langlaufen; bei starkem Sturm an den vorhergehenden Tagen Kammbereiche oder abgeblasene Grate meiden!

Über Lawinen gibt es viel Literatur. Am besten, man arbeitet vor der Tourensaison eines der Bücher durch (etwa: Walter Kellermann: „Skibergsteigen heute", München, Bruckmann-Verlag). Da nichts über die praktische Erfahrung geht, sollte jeder Tourengeher einmal einen Lawinen-Lehrgang besuchen (wie ihn der Alpenverein anbietet, aber zum Beispiel auch Walter Kellermann: 4 Tage, ca. 300,– DM mit Halbpension). Unter den Verschütteten-Suchgeräten hat sich unter anderem das Ortovox-Gerät (Preis rd. 250,– DM) durchgesetzt. Wichtig, daß bei Beginn der Tour die Geräte eingeschaltet und kontrolliert werden und daß zu Beginn der Saison die Handhabung geübt wird, damit im Ernstfall, wo es auf Minuten ankommt, ein wenig Routine zum Suchen vorhanden ist.

Für den Rucksack des Tourenfahrers hier einige Empfehlungen, die durchaus als meine subjektiven Tips verstanden werden sollen. Grundsätzlich trage ich immer mit: Verschüttetensuchgerät, Biwaksack, Lawinen-Schaufel, Skiwerkzeug, Felle, Sonnenschutz und -brille. Darüber hinaus für die Tagestour: etwas Verpflegung, Thermosflasche, Karte; auf Harscheisen, Höhenmesser und Kompaß verzichte ich in der Regel. Für die Gletschertour: Sitzgurt, Prusikschlingen, Bandmaterial, 5 Karabiner, für die Gruppe 1 Halbseil. Pickel und/oder Steigeisen nur für spezielle Unternehmungen. Je nach Jahreszeit, Höhe oder Länge der Tour: Überhose und Überanorak. Gamaschen entfallen, da ich mit langer Skihose gehe.

Der Tourenski sollte weich und zwischen 160–180 cm lang sein. Als Steigfelle kommen nur Klebefelle mit Haken für das Einhängen am Skiende in Frage. Beim Skischuh ist fast alles möglich. Zum Anfangen oder für kürzere Touren kann durchaus der Pistenschuh benutzt werden; Experten haben spezielle Skitourenschuhe mit Profilgummisohle (wie zum Beispiel Modelle von Koflach oder Hanwag). Im Zweifel wähle man lieber ein Modell mit nicht ganz so hohem Schaft. Ich bevorzuge für längere Frühjahrsunternehmungen, wo man die Skier bis zum Schnee erst einmal 1–2 Stunden tragen muß, den Koflach-Kunststoff-Sommerbergschuh, wobei der einzelne Schuh um 500 Gramm weniger als der Touren-Skischuh wiegt. Die Tourenfahrer-Bindungen haben alle 90° Fersenfreiheit; es gibt inzwischen 5 verschiedene Fabrikate (die Silvretta ist häufig zu sehen). Als Skistock bevorzuge ich das Modell Lawisond der Schweizer Firma Leki, der längenverstellbar ist und bei dem mit einem Handgriff Teller und Griffe abmontiert werden können, so daß beide Stöcke aneinandergeschraubt als Stochersonde eingesetzt werden können.

Bei den hier vorgestellten Gasthof-Stützpunkten ist nur die Zahl der Touren angegeben, die beschrieben werden. Daß darüber hinaus oft noch weit mehr Möglichkeiten bestehen, ist klar.

Es gelten die angegebenen Richtpreise jeweils für 1 Übernachtung in Zimmer (meist Einzelzimmerpreis) inclusive Frühstück, mit Dusche/Bad/Waschgelegenheit, teilweise mit WC. Reservierung wird empfohlen.

Preiskategorie I
von 45,– bis 115,– DM
von 300,– bis 800,– öS

Preiskategorie II
von 35,– bis 45,– DM
von 250,– bis 300,– öS

Preiskategorie III
von 20,– bis 35,– DM
von 140,– bis 250,– öS

Die Auswahl der Gasthof-Stützpunkte erfolgte ohne Zuwendungen irgendwelcher Art!

Große Touren in großer Einsamkeit

Auf der Samspitze (2625 m), die man von Bach aus durch das Alperschontal zusätzlich besteigen kann. Diese Tour wurde mit Langlaufskiern gemacht – der Jagdhund „Flecki“ durfte mit.

Skifahrten im mittleren Lechtal

Gasthof Grüner Baum
A-6653 Bach/Lechtal
Tirol Lechtaler Alpen
Leitung: Herrmann Heel
Tel. (05634) 6343
D: (0043-5634) 6343

Öffnungs-/Ruhezeiten: Geschlossen 10. Oktober bis 20. Dezember
Preiskategorie: III
Anzahl der Skitouren: 6
Lage des Hauses: In 1060 m Höhe, im Ortszentrum, zu erreichen über die kleine Lechbrücke.
Zufahrt: Hauptverbindungsstr. Reutte–Bregenz. Bach liegt im Zentrum des Lechtales.
Zimmer: 4 Einzelzimmer, 19 Doppelzimmer, 2 Vierbettzimmer, alle Zimmer mit Dusche oder Dusche/WC; Zentralheizung
Essen im Haus: Ja
Frühstückszeit: Nach Wunsch
Einkaufsmöglichkeit für Proviant: Im Haus
Parkplatz: Am Haus
Garage: Nein
Schneeketten für Zufahrt: Zum Haus nein, für Tourenzufahrt ratsam
Skiraum: Ja
Anreise mit öffentlichen Verkehrsmitteln: Bahnstation Reutte/Tirol und Postbus
Andere Sportmöglichkeiten: Langlaufloipe mit 60 km im Lechtal, alpin Skifahren, Rodeln, Eisstockschießen, Winterdrachenfliegen.
Wer weiß im Haus über Skitouren Bescheid: Der Sohn, Rainer Heel.

Blick in die Speisenkarte, Spezialitäten:
Frühstück mit Wurst, Käse, zweierlei Brotsorten, Saft, dazu das obligate Frühstücksgetränk. In dieser Küche wird die bodenständige Kost in vielen Varianten bevorzugt. Pfannen- und Grillgerichte, z. B. ein Schmorbraten mit Spätzle, oder Wildspeisen, Seehecht gebacken, Spießgerichte, Tiroler Mehl- und Eierspeisen, herzhafte Brotzeiten, Salate, für die Kinder eigene Speisen, z. B. einen Zwergenteller, für die Senioren kleinere Portionen. Am Abend ist die Auswahl zwischen 3 Menüs. Doch vorweg, wenn man als Tourenfahrer etwas angemüdet und hungrig zurückkehrt, dann ist vielleicht ein Schalerl Kaffee und eine Sachertorte die einzig richtige Überbrückung bis zum Abendessen.

Aus meinem Notizbuch:
Eine sehr gastfreundliche Wirtsfamilie führt dieses geschichtsträchtige Haus, das bereits 400 Jahre in seiner Grundsubstanz besteht. Um die Jahrhundertwende wurde die Außenfassade mit „Lüftlmalerei“ des heimischen Künstlers Tonie Kirchmeier geschmückt. Und so ist die Inschrift über dem Hauseingang: „Ein froher Gast fällt nie zur Last.“ In der „Tiroler Stube“ ist gut sitzen, das Haus ist behaglich und bietet in den Zimmern moderne Annehmlichkeiten. Wer mag, kann fernsehen oder in der Aufenthaltshalle ins Kaminfeuer schauen und dem Tag nachhängen, oder ein Glas Jagertee schlürfen zum Einstimmen für die Zielsicherheit beim nächtlichen Eisstockturnier.

Weitere Unterkunftsmöglichkeit:
Gasthof Pension Post, A-6653 Bach/Lechtal. Leitung: Familie Heel, Tel. (05634) 6345.
45 Betten, die neuzeitlich eingerichteten Zimmer mit oder ohne Bad/Dusche oder WC, auch Balkonzimmer.

Die Lechtaler Alpen sind ein großes Gebirge, begrenzt von Reutte, Imst, Landeck und dem Fernpaß. Da das Baumaterial sehr brüchig ist, gibt es überall weite Kare, freie Hänge, aber auch tiefe Einschnitte – ein Gelände, das für Skitouren günstig ist, wenngleich die langen und steilen Flanken oft sehr lawinengefährlich sind. 70 km lang ist das Tal zwischen Reutte und den Arlberger Skiorten; wir wollen uns hier auf das mittlere Lechtal beschränken und unsere Tourenvorschläge zwischen Namlos und Kaisers wählen. Aber auch das bedeutet eine Distanz von 30 km Luftlinie – ein relativ großes Gebiet, aus dem wir unsere Touren wählen!
Bis in die Mitte unseres Jahrhunderts galt das Lechtal als sehr ruhiges, ja sogar als unterentwickeltes Gebiet. Vor hundert Jahren fuhr z. B. nur viermal in der Woche zwischen Reutte und Steeg eine „Cariolpost“, die höchstens zwei Reisende befördern konnte. Heute ist die Lechtalstraße hervorragend ausgebaut, das gilt auch für die Verbindungen zu den vielen hoch und abgeschieden liegenden kleinen Orten vor allem südlich des Lechtales, die bis vor zwei oder drei Generationen überhaupt nur durch Fußwege zugänglich waren! Gerade im Sommer und Herbst gibt es im Lechtal viel Fremdenverkehr, im Winter dagegen ist es relativ ruhig, und die wenigen Lifts im mittleren Lechtal sowie die Langlaufloipen machen es mehr für Eingeweihte als für die breite Masse attraktiv. Obwohl die Gastronomie kräftig ausgebaut wurde, gilt das Lechtal als überaus preiswert. Für 14 DM kann man hier eine Übernachtung mit Frühstück bekommen!
Für Skitourenfahrer gibt es (vor allem südlich des Lechs) zwei Dutzend großzügige, lange Routen, alle mit Aufstiegs- und Abfahrtshöhen von 1500 Hm! Nur sind sie wenig besucht und außerhalb des Allgäus kaum bekannt. Aber auf die Klimmspitze gehen an einem Märzwochenende schon 20 bis 50 Personen! Wir schlagen hier 6 Touren vor – alle nicht einfach, relativ lang und wegen der langen und steilen Hänge nur bei sicheren Schneeverhältnissen ratsam. Aber, wer einmal hier Skitouren gemacht hat, der kommt wieder.

Klimmspitze, 2465 m

Ausgangshöhe	Aufstieg	Zeit	Hangrichtung
1000 m	1465 m	4½ Std.	Südost

Allgemeines: Besonders ab Ende Februar stark besucht, wenn die langen und steilen Südosthänge sicheren Schnee aufweisen, obwohl dieser Berg, wenn man von Reutte kommt, nicht wie ein Skiberg aussieht. Großzügige, lange Tour, bis auf den Gipfel mit Skiern.
Die Route: Am südlichen Ortsende von Elmen liegt an der Hauptstraße eine Aral-Tankstelle. 100 m südlich von ihr zweigt die Fahrstraße nach Westen ab, an einer kleinen Kapelle vorbei, über die Lechbrükke, wo nach 400 m (ab Hauptstraße) die beiden Häuser von Klimm erreicht werden. Genau zwischen beiden Häusern beginnt der Aufstieg, zuerst über steile Latschenhänge, dann auf eine Rampe hinauf, die ins Großkar hinaufzieht. Aus dem Großkar leitet ein 400 m hoher Hang zum Westgrat der Klimmspitze hinauf und über ihn mit Skiern auf den Gipfel.

Haglertal, 2100 m

Ausgangshöhe	Aufstieg	Zeit	Hangrichtung
1000 m	1050 m	3 Std.	Ost

Allgemeines: Ein auffallendes, bis weit ins Frühjahr hinein mit Schneeresten der Lawinen gefülltes Tal, das von Häselgehr zum Luxnachersattel führt (der aber nicht betreten wird). Eindrucksvolle Tour, die (obwohl kein Gipfel erreicht wird) eine großartige Rundsicht auf die gesamten Lechtaler und einen Teil der Allgäuer Hauptgipfel frei gibt.
Die Route: Man verläßt die Hauptstraße in Häselgehr ca. 100 m westlich der Kirche nach Norden, fährt die schmale Straße zwischen Kirche und Friedhof hindurch und ein paar hundert Meter weiter zu einer Art Steinwall mit einem Podest darauf (hier parken). Wenig höher steht ein Pfosten mit mehreren Markierungstafeln, u.a. ist zu lesen Haglertal, Übergang zur Kaufbeurer und Hermann-von-Barth-Hütte. Man folgt einem Almsträßchen hinauf, steigt dann über latschendurchsetztes Gelände in einer Stunde zu einer kleinen Jagdhütte auf und geht weiter, bis der allerletzte Steilaufschwung das Kar abschließt. Jetzt nach rechts über schöne Südhänge noch ca. 200 Hm aufwärts auf die Rippe, die oben flach wird und mit ihrer schönen Aussicht zur „Gipfelrast" einlädt. Übrigens könnte man aus dem Tal bei Höhe 1750 m nach rechts (Norden) abzweigen und in das Woleckleskar und weiter zur Woleckleskarspitze aufsteigen (2 Stunden Mehraufwand).

Namloser Wetterspitze, 2563 m

Ausgangshöhe	Aufstieg	Zeit	Hangrichtung
1300 m	1260 m	3½ Std.	Süd, West und Nord

Allgemeines: Eine rassige, großzügige Tour, die aber wegen Lawinengefahr erst im April oder Mai gemacht werden soll. Häufig begangen.
Die Route: In Stanzach zweigt die schmale Straße nach Namlos ab; gut 1 km vor Namlos zweigt ein Sträßchen nach rechts (Süden) ab in Richtung Fallerschein, Sommerbergalm. Meist muß man bei dieser Abzweigung parken, später im Frühjahr kann man noch 2 km weiter fahren. Der Aufstieg erfolgt nun immer nach Süden; ganz hinten hält man sich nach Osten, steigt eine steile Mulde empor und schließlich über Südhänge auf den Gipfel.

Kogelseespitze, 2646 m

Ausgangshöhe	Aufstieg	Zeit	Hangrichtung
1330 m	1300 m	4 Std.	Nord

Allgemeines: Alpine Tour, bei sicherer Schneelage ab Februar möglich.
Die Route: In Häselgehr 8,5 km die Straße nach Gramais hinauf. Der Aufstieg beginnt direkt im Ort entlang der Almstraße links (nördlich) des Platzbaches. Nach einer halben Stunde erreicht man das Wasserhäuschen, hier überquert man den Bach und steigt jenseits steil empor und weiter zum Kogelsee. Jetzt auf die Kogelseescharte (2500 m) und über den Ostgrat zur Spitze (dabei wird der erste Turm nördlich umgangen).

Hirschleskopf, 2052 m

Ausgangshöhe	Aufstieg	Zeit	Hangrichtung
1250 m	800 m	2½ Std.	Nord und Nordost

Allgemeines: Relativ kurze und sichere Tour, unteres Drittel im Wald, oben schöne freie Hänge.
Die Route: Im Gramais die kleine Fahrstraße hinab 80 Hm zum Bach (Holzlager-

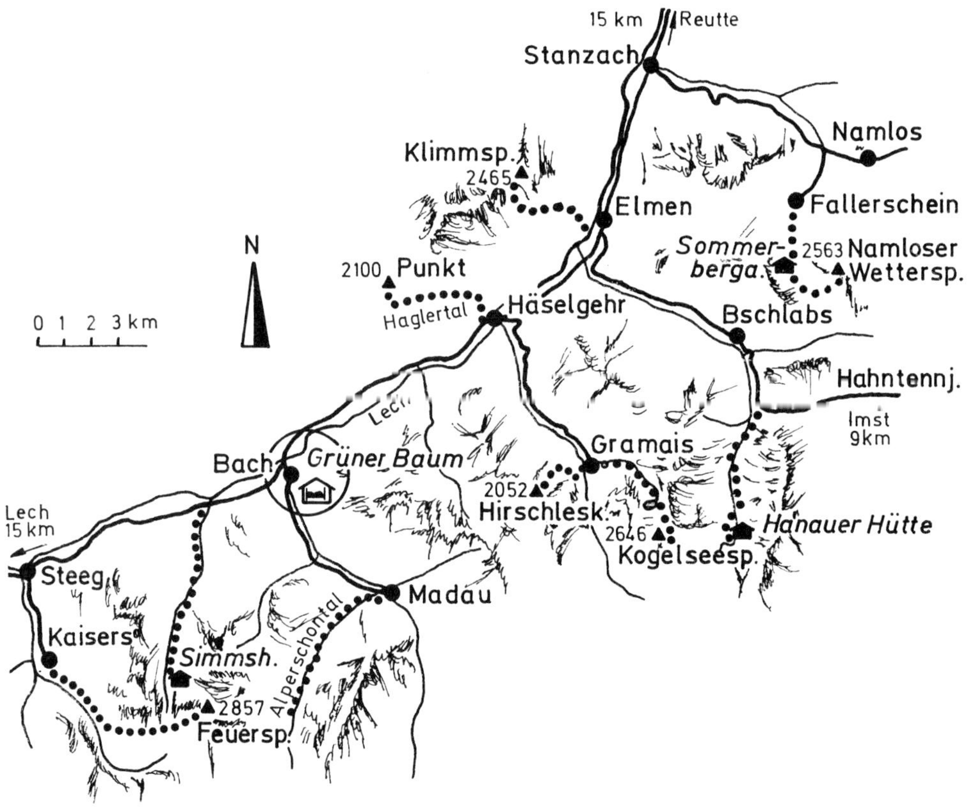

platz), über die Brücke und die Forststraße 15 Minuten empor bis zu einem großen, freien Platz (Bank für Spaziergänger). Hier den zunächst sanften, später steiler werdenden Wald empor und auf dem Rücken zum Gipfel.

Feuerspitze, 2857 m

Ausgangshöhe	Aufstieg	Zeit	Hangrichtung
1530 m	1300 m	4 Std.	Süd und Ost

Allgemeines: Von Kaisers aus häufig begangen; eine Tour über weite, relativ flache Hänge.
Die Route: Von Steeg im hinteren Lechtal die schmale Fahrstraße bis nach Kaisers hinauf. Man parkt bei der Edelweißhütte (DAV) und geht nach Südosten das Kaisertal hinein, an der Kaiseralpe vorbei und dann über Mulden und weite Südhänge auf den Gipfel der Feuerspitze.

Das obere Bild zeigt den Blick ins Kaisertal, an dessen Ende man zur hier beschriebenen Feuerspitze nach links (Osten) abzweigen muß. Eine besonders ruhige Ecke der Lechtaler Alpen!
Das untere Foto zeigt den Hirschleskopf mit seiner ebenmäßigen, gut zu befahrenden Gipfelpartie, dahinter die Berge rund um den Roßkarsee (Schafkopf und Landschaftseck), die aber für den Skibergsteiger nicht zugänglich sind.

Pulverschnee und Frühjahrsfirn

Aufstiegsverhältnisse, wie sie im Bilderbuch stehen: eine nicht zu steile Spur, ideal geneigtes Gelände, Sonne, guter Schnee!

Das Tannheimer Tal bietet viel Abwechslung

Hotel Gasthof Restaurant
Schwarzer Adler
A-6675 Tannheim
Tannheimer Tal, Tirol
Leitung: Ellen und
Sebastian Klotz-Zobl
Tel. (05675) 6204
D: (0043-5675) 6204

Öffnungs-/Ruhezeiten: Ganzjährig geöffnet
Preiskategorie: I
Anzahl der Skitouren: 5
Lage des Hauses: In 1097 m Höhe im Zentrum, abseits der Verbindungsstraße
Zufahrt: Verbindungsstraße Reutte-Sonthofen
Zimmer: 110 Betten, inklusive Dependance, Ein-, Zwei- und Dreibettzimmer mit Dusche oder Bad/WC; Zentralheizung
Essen im Haus: Ja
Frühstückszeit: Ab 7.30 Uhr, früher Thermos-Frühstück
Einkaufsmöglichkeit für Proviant: Im Ort
Parkplatz: Am Haus
Garage: Ja
Schneeketten für Zufahrt: Nein, für Tourenzufahrt ratsam
Skiraum : Ja
Anreise mit öffentlichen Verkehrsmitteln: Bahnstation Pfronten, dann mit Bus vor das Haus. Oder mit Taxi 16 km. Bei telefonischer Verständigung Gästeabholung.
Andere Sportmöglichkeiten: Langlaufen, alpin Skifahren, Rodeln, Eisstockschießen, Eislaufen (Haldensee und Vilsalpsee), Hallentennis.
Wer weiß im Haus über Skitouren Bescheid: Die Wirtsleute holen gerne Auskunft bei der Skischule ein.

Blick in die Speisenkarte, Spezialitäten:
Das Frühstücksbuffet hat auch eine Bioecke. Es versteht sich, daß ansonsten Frischware und nichts Abgepacktes am Buffet aufgetischt wird. Bei der Essensauswahl wird's bodenständig bis lukullisch, bei den Flaschenweinen gar nobel – und warum nicht? Vom freundlichen Service wird man im „Schwarzen Adler" nicht gedrängt und so wähle man nach gusto, Traditionelles aus der Region oder die „feine Küche". Zu finden ist allemal etwas aus der sehr reichhaltigen Standardkarte oder Tageskarte mit Menü, z.B. Tagessuppe, Kalbsrahmgulasch mit Serviettenknödel und bunter Salatteller, Dessert. Und bei den Weinempfehlungen des Tages, z.B. „Frascati", ein hellfarbener süffiger Römer, bekomme ich hier beim Schreiben des Textes Durst auf ein Schöppchen ... nachher!

Aus meinem Notizbuch:
Wie so oft, so hat sich auch der „Schwarze Adler" aus einem Bauernhaus des Jahres 1700 zu einem stattlichen Anwesen mit komfortablen „Huckepack" entwickelt. „Es sollte halt immer besser und immer schöner werden", meinte die sehr freundliche und aufgeschlossene Wirtin. Ich jedenfalls finde die holzgetäfelte Stube des alten Trakts, mit dem Gewachsenen aus Jahrzehnten, den würdigsten und schönsten Teil des Hauses, obwohl die Dependance „Sonnenheim", individuell-behaglich eingerichtet mit liebevollen Details, auf dem besten Weg ist, dem alten „Adlerhorst" den Rang streitig zu machen.

Weitere Unterkunftsmöglichkeit:
Frühstückspension Austria (Skischul-Leiter), Berg 44, A-6675 Tannheim. Leitung: Familie Schneider, Tel. (05675) 6543.
25 Betten, Zimmer mit Dusche oder Bad/WC; Zentralheizung.

Ein schönes, weiträumiges Hochtal unserer Alpen: 15 km lang und 1100 m hoch gelegen ist das Tannheimer Tal, und 26 Liftanlagen mit einer stündlichen Beförderungskapazität von 25000 Personen warten auf Wintergäste. Dazu 30 km geräumte Spazierwege, 50 km Loipen, 4 Skischulen mit 100 Skilehrern. Tannheim selbst hat 2800 Fremdenbetten und Nesselwängle 1200. Also viel „Infrastruktur", viele Möglichkeiten für Pistenskifahrer und Winterurlauber.
Und Skitouren? Die stehen nicht in den Prospekten, die sind für Eingeweihte vorbehalten, für Bergsteiger und Tiefschneefans. Und weil sich das Tannheimer Tal in West-Ost-Richtung erstreckt, gibt es an seinen beiden Begrenzungsseiten Tourenmöglichkeiten, sofern sie nicht durch Lifts erschlossen sind. Nördlich des Tales kann man Schönkahler und Aggenstein besteigen (freilich über Südhänge, daher mehr für den Hochwinter und die Pulverschneezeit); südlich des Tales sind die Möglichkeiten wesentlich größer. Ponten und Bschiesser, zwei noch in den 60er- und 70er-Jahren von Bergsteigern stark besuchte Gipfel, haben die Lifts in ihren unteren Bereichen (oberhalb Zöblen und Schattwald) in Pisten verwandelt. Das Geißhorn dagegen ist immer noch die wohl anspruchsvollste und beste Skitour dieses Gebietes. Aber auch die Berge rund um die Landsberger Hütte (im Winter geschlossen!) bieten einsame, kürzere, aber lohnende Möglichkeiten. Schlicke und Schartschropfen, zwei Skigipfel, die besser von Norden, also von Vils oder Musau aus gemacht werden können, kann man natürlich auch mit Benützung des Lifts auf das Füssener Jöchl besteigen und dann nach Norden abfahren. Insgesamt ist das Tannheimer Tal für Skitouren am besten im Hochwinter geeignet, also zwischen Dezember und März. Bei fast allen Touren ist im unteren Bereich mit Waldzonen zu rechnen. Die Tannheimer Berge im engeren Sinn, also die Felszinnen von Rote Flüh, Gimpel oder Kellespitze sind reine Sommerberge, mit teilweise sehr schwierigen Kletterrouten, deren Schönheit zur Berühmtheit des Tales beigetragen hat.

Schönkahler, 1687 m

Ausgangshöhe	Aufstieg	Zeit	Hangrichtung
1100 m	700 m	2 Std.	Süd und Ost

Allgemeines: Diese Tour führt zwar durch sehr viel Wald, kann aber auch bei nicht ganz gutem Wetter oder schlechten Schneeverhältnissen unternommen werden. Im Gipfelbereich weite, freie Osthänge.

Die Route: Von Zöblen nach Norden auf der Fahrstraße nach Oberhalde (1304 m), dann über den flachen Rücken hinauf zur Pfrontener Alm und schließlich nach Westen über freie, sanfte Skihänge auf den Gipfel. Eine gemütliche, ungefährliche Skiwanderung!

Zum Füssener Jöchle, 1816 m

benutzt man die Doppelsesselbahn oberhalb von Grän. Jenseits kommen Jochalm- und Sebenlift herauf; durch Abfahrt auf diesen Pistenhängen kann man entweder zum **Brentenjoch** hinüberqueren (dieses wird auch häufig von Norden, von Vils und über die Vilser Alm bestiegen); man kann aber auch direkt aus dem Füssener Jöchl die **Sefen-** bzw. auch **Sebenspitze** besteigen. Auch die **Große Schlicke,** meist von Vils aus bestiegen, kann bei sicheren Schneeverhältnissen über das **Karetjoch** bestiegen werden.

Sulzspitze, 2085 m

Ausgangshöhe	Aufstieg	Zeit	Hangrichtung
1130 m	950 m	3 Std.	Nord

Allgemeines: Dieser Berg, der nach drei Seiten mit steilen Felsen abbricht, ist von Osten her leicht mit Skiern zugänglich. Eine lohnende Tour, bei der steile und flache Strecken abwechseln.

Die Route: Vom Campingplatz am Westufer des Haldensees geht man zu Fuß zur Unteren Strindenalpe (1450 m) und steil hinauf über den steilen Gipfelhang nach Westen auf die Sulzspitze. Man kann auch (bei sehr sicheren Schneeverhältnissen) von der Bergstation des Neunerkopflits zur Strindenscharte hinüberqueren.

Geißhorn, 2249 m

Ausgangshöhe	Aufstieg	Zeit	Hangrichtung
1140 m	1100 m	3½ Std.	Nord

Allgemeines: Das Geißhorn ist ein mächtiger Berg, höchster Gipfel der Vilsalpseeberge. Sein 300 m hoher Steilhang unterhalb des Gipfels ist nur bei sicheren Verhältnissen zu befahren, am besten bei Firn. Besonders im späten Frühjahr wird diese Route sehr häufig begangen.

Die Route: Von Tannheim ca. 500 m mit dem Auto nach Westen, zu den obersten Häusern von Wiesle. Jetzt auf der Forststraße immer östlich des Älpelebaches entlang (in der amtlichen bayerischen Landeskarte fälschlich als Roßbach bezeichnet!) bis zum Älpele (1529 m). Jetzt nach Süden weiter in das Kar hinein und (meist mit geschulterten Skiern) empor zur Scharte ganz rechts im Gipfelgrat. Über den Grat geht man dann zu Fuß weiter bis auf den Gipfel. Der Steilhang unter dem Gipfelgrat ist, sofern man früh dran ist und der Schnee nicht zu sehr aufgeweicht ist, eine Delikatesse für alle Tourenfans!

Steinkarspitze, 2067 m

Ausgangshöhe	Aufstieg	Zeit	Hangrichtung
1165 m	900 m	3 Std.	Nord und West

Allgemeines: Wenn der Schnee an den Südhängen der Schochenspitze nicht gut ist, kann man statt dessen diese Tour wählen, die in der Routenführung eindeutiger ist und im oberen Bereich schneesichere Nordhänge aufweist.

Die Route: Wie beim Schochen vom Vilsalpsee zum Traualpsee und zur Landsberger Hütte (1810 m, knapp 2 Std.). Jetzt jedoch das schöne, weite Kar nach Südwesten hinein und auf die Scharte, aus der man dann nach Süden den Gipfel erreicht.

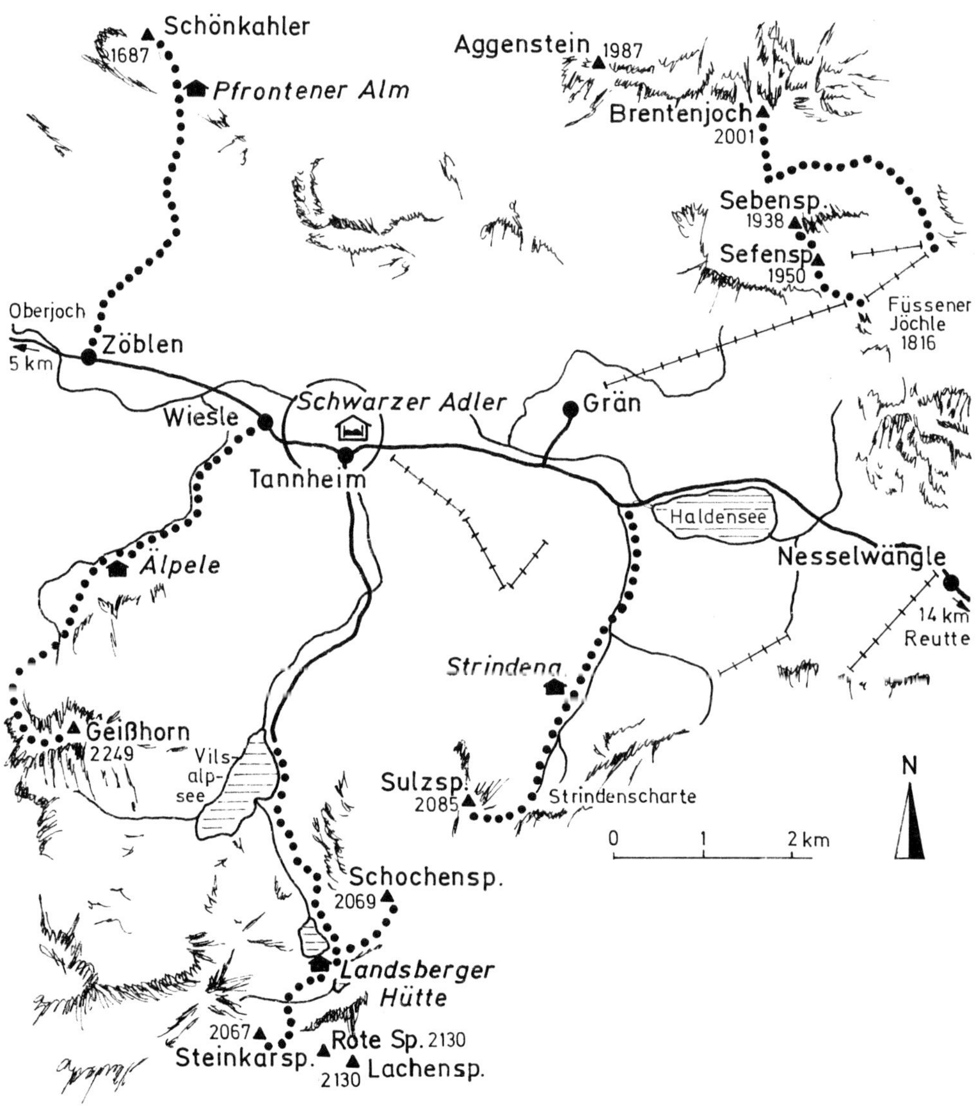

Von der Scharte aus läßt sich die gegenüber liegende Rote Spitze (2130 m), aber auch die Lachenspitze (2130 m) von Süden her ersteigen.

Schochenspitze, 2069 m

Ausgangshöhe	Aufstieg	Zeit	Hangrichtung
1165 m	900 m	3 Std.	Süd und West

Allgemeines: Eine Tour, die nur bei lawinensicheren Verhältnissen (Frühjahrsfirn) unternommen werden soll. Der untere Teil verläuft durch steiles Waldgelände, oben freie West- und unterhalb des Gipfels Südhänge.

Die Route: Mit dem Auto zum Vilsalpsee (von Tannheim 4 km auf flacher Straße). Vom Parkplatz 10 Min. am Ostufer des Sees entlang, dann den Sommerweg in Richtung Landsberger Hütte. Man steigt jedoch nicht ganz zu ihr hinauf (nur im Sommer geöffnet!), sondern aus dem Kessel des Traualpsees unterhalb der Hütte nach Osten steil hinauf. Danach wird das Gelände flacher, und man steigt über die Südflanke auf den Gipfel, wobei der steile Gipfel selbst nach rechts umgangen wird. Schöne Aussicht auf Vilsalpsee und Tannheimer Gipfel.

Das ist der Schochen (rechts), gesehen von der Sulzspitze. Das Gebiet um den Vilsalpsee bietet weite Kare, die verschiedenen Gipfel tragen Felsaufbauten, können aber von der Südseite einfach bestiegen werden. Die Frühaufsteher unter den Tourenfahrern haben ihre Zöpfchenmuster schon in die verschiedenen Hänge „gestrickt".

Vis-à-vis von der Zugspitze

Gipfel in den Mieminger und Ammergauer Bergen

Hotel Spielmann
Wettersteinstraße 24
A-6632 Ehrwald/Tirol
Leitung: Familie Spielmann
Tel. (05673) 2225
D: (0043-5673) 2225

Öffnungs-/Ruhezeiten: In der Regel ist von 1 Woche nach Ostern bis etwa Ende Mai geschlossen und von Mitte Oktober bis Mitte Dezember
Preiskategorie: I
Anzahl der Skitouren: 5
Lage des Hauses: In 1000 m Höhe, etwa 10 Gehminuten vom Ortszentrum entfernt am Südfuß der Zugspitze
Zufahrt: Über die Verbindungsstraßen entweder von Reutte oder von Garmisch-Partenkirchen zum Fernpaß/Tirol
Zimmer: 65 Betten, alle mit Dusche/Bad/WC; aufgeteilt in Altes Haus und Neues Haus, auch Appartements als Zwei-, Drei- und Vierbettzimmer; Zentralheizung
Essen im Haus: Ja
Frühstückszeit: Buffet ab 8.00 Uhr oder früher nach Vereinbarung (Thermos-Frühstück)
Einkaufsmöglichkeit für Proviant: Im Ort
Parkplatz: Am Haus
Garage: Ja
Schneeketten für Zufahrt: Ratsam
Skiraum: Ja
Anreise mit öffentlichen Verkehrsmitteln: Bahnstation Ehrwald
Andere Sportmöglichkeiten: Langlaufen (100 km Loipen), alpin Skifahren, Eisstockschießen, Eislaufen (Kunsteisbahn), Schwimmen im Hallenbad, Tennis in der Halle, Rodeln
Wer weiß im Haus über Skitouren Bescheid: Der Inhaber, Herr Spielmann

Blick in die Speisenkarte, Spezialitäten: Das Frühstücksbuffet ist schon eine angenehme Sache: Müslijünger und Weißbrot-Schinken-Freaks kommen gleichermaßen auf ihren Geschmack. Wem es draußen zu unwirtlich ist, der kann sich ab 10.00 Uhr an die Ganztagskarte halten, sie gilt bis 22.00 Uhr oder die ständige Speisenkarte mit zum Beispiel Spinatspätzle, Schusterpfandl, Tafelspitz, Hausspieß, Grill- oder Pfannengerichten, oder die Tageskarte zu Rate ziehen. Am Tag meines Besuchs gab es zum Beispiel gebratene Hirschkeule mit Semmelknödel und Blaukraut oder einen Grillteller mit Gemüse und zur Nachspeise einen bunten Dessertteller. Die Tageskarte ist von wohldosiertem Umfang und keine Litanei von überflüssigem Schnickschnack. Wer ausgefroren und hungrig vom Berg an den Fuß der Zugspitze zurückkehrt, kann sich bei Tee, Kaffee und hausgemachten Kuchen die Lebensgeister wieder zurückholen in einem außergewöhnlich behaglichen Rahmen.

Aus meinem Notizbuch:
„Gott sei Dank ein bodenständiges Haus", war mein Gedanke, als ich an einem schneereichen Januartag vor dem Haus parkte. Der Wirt, Hansjörg Spielmann, geht einmal wöchentlich mit seinen Gästen auf Skitour, derweil der Junior als Küchenchef für die leiblichen Genüsse sorgt. Das „Alte Haus" wurde 1924 bis 1926 erbaut und die Initiative geht auf die Großmutter Josefine aus Bayern zurück. Die lange Familientradition steht in der Hauschronik.

Weitere Unterkunftsmöglichkeit:
Hotel Tirolerhof, R.-Spielmann-Straße 16, A-6632 Ehrwald/Tirol. Leitung: Familie Leitner, Tel. (05673) 2308. 65 Betten mit Dusche/Bad/WC; Zentralheizung.

Das ist der Blick in die „Höll", gesehen von gegenüber, vom Stöttltörl (von dem der Skifahrer in die „Höll" hinabschwingt). Die hier gut sichtbare Abfahrt vom Hölltörl in die „Höll" zählt zu den Glanzpunkten der Grünsteinumfahrung.

Ehrwald, 20 km von Garmisch-Partenkirchen entfernt, knapp 1000 m hoch gelegen, ist ein schmucker, sauberer Fremdenverkehrsort auf der westlichen (Tiroler) Zugspitzseite. Aber eigentlich sind es drei Orte, die hier miteinander rivalisieren: Lermoos (rund 1000 Einwohner), Biberwier (etwas kleiner) und Ehrwald (mit knapp 3000 Einwohnern). Jeder dieser Orte hat Lifts, gemütliche Gasthöfe, modernste Hotels, drum herum eine eindrucksvolle Gebirgskulisse. Für die Langläufer gibt es die flachen Loipen kreuz und quer durch das Lermooser Moos, aber auch anspruchsvolle Strecken bis hinüber nach Leutasch oder Loisach aufwärts in Richtung Reutte. Für die Pistenfahrer bietet Lermoos 7 Lifts, Biberwier ebenfalls 7 und Ehrwald neben der Tiroler Zugspitzbahn 8 Anlagen.
„Schneearena, Pistendorado für Anfänger, Könner, Tiefschneefans, 22 Lifts, 40 km Wanderwege, Eislaufplätze, Rundbus, Hotels der Spitzenklasse..." – so verkündet es der bunte Prospekt.
Der Kessel von Ehrwald, Lermoos und Biberwier bietet rundum aber auch Skitouren, die sich in ihrer Länge und Großartigkeit durchaus mit Touren in den Dolomiten oder auch (etwa die Gatterlabfahrt von der Zugspitze) mit den Zentralalpen messen können.
Außerfern nennt sich dieses Gebiet – „außerhalb des Fernpasses gelegen", ein nördliches Anhängsel an Tirol also. Es wird eingerahmt von drei Gebirgsstöcken, die östlich, südlich und westlich von Ehrwald liegen: vom Wettersteinmassiv, dessen 2000 m hohe Westabstürze der Zugspitze besonders imposant sind, von den Mieminger Bergen, einer zwar felsigen und wilden, aber weniger besuchten Gruppe, und von den Lechtaler Bergen, etwas breite, sanfte Gipfel, ideal für sommerliches Wandern. Der Tourenfahrer, der hier Quartier nimmt, kann zwischen einem halben Dutzend rassiger Skiabfahrten wählen, alle in nächster Nähe, und wenn er 10 km über die Grenze bei Griesen hinaus in die Ammergauer oder ebensoweit in Richtung Reutte oder nach Berwang fährt, kann er Touren sammeln, deren Anzahl für eine ganze Skisaison ausreicht.

Grünsteinumfahrung

Ausgangshöhe	Aufstieg	Zeit	Hangrichtung
1790 m	3 Etappen zus. 800 m	5 bis 6 Std.	Nord und Ost

Allgemeines: Wir fangen bewußt mit dieser Tour an, weil sie eine der schönsten und abwechslungsreichsten dieses Buches ist: Aufstiege und Abfahrten an steilen Felswänden vorbei, durch wilde Kare, hochalpin und trotzdem kaum lawinengefährlich. Eine Tour, die man im Januar bei Pulverschnee ebensogut unternehmen kann wie im Mai bei Firn. Einziger Schönheitsfehler ist, daß man das Auto an der Talstation der Lifts in Biberwier stehen läßt, die Tour aber an der Talstation der Ehrwalder Alm-Bahn endet und man dann 7 km mit Bus, Taxi oder per Anhalter zurück nach Biberwier muß.
Die Route: Man löst an der Talstation in Biberwier eine einfache Auffahrt bis zum Marienbergjoch (AV-Mitglieder erhalten Ermäßigung); dabei ist es gleichgültig, ob man die beiden Sektionen des Schlepp- oder Sessellifts benützt, die parallel hinaufführen. Oben schnallt man die Felle an und geht eine Stunde hinauf ins Hölltörl (ca. 2000 m), jenseits 300 Hm rassig hinab, dann eine gute Stunde mühsam hinauf zur Grünsteinscharte (2263 m). Von hier nur wenige Schwünge hinab und möglichst auf gleicher Höhe hinüberqueren zum Hinteren Tajatörl (2267 m, 15 Min. Aufstieg). Ab hier folgt eine 700-Hm-Traumabfahrt durch das Brendlkar, dann nochmals 30 Min. (am besten mit Fellen) leicht ansteigen auf einen Waldrücken hinauf („Höhenloipe" nennt sich dieser gespurte Bereich) und dann schließlich 500 Hm Abfahrt vorbei an der Ehrwalder Alm und über Pisten hinunter nach Ehrwald. Eine großartige, alpine Tour! Varianten sind möglich: die Besteigung des Hinteren Tajakopfes, des Vorderen Drachenkopfes oder die Abfahrt vom Drachensee über die Biberwierer Scharte – Tips, die aber mehr für Experten und routinierte Bergsteiger gelten mögen!

Igelskopf, 2223 m

Ausgangshöhe	Aufstieg	Zeit	Hangrichtung
1000 m	1200 m	3 Std.	Nord

Allgemeines: Diese Tour ist schön im Hochwinter (dann läßt sich der Aufstieg von Ehrwald durch Benutzung des Lifts bis zur Ehrwalder Alm verkürzen), sie ist aber auch eine ideale Firnabfahrt im Frühjahr, dann müssen die Skier bis zur Ehrwalder Alm getragen werden.
Die Route: Von der Ehrwalder Alm die Forststraße nach Südosten ansteigen (auf der Karte „Knappensteig", auf den Schildern auch als „Höhenloipe" bezeichnet) auf einen Waldrücken hinauf. Jenseits leicht abfahrend zum Igelsee und dann in das Kar hinein. Oben werden die Hänge recht steil; den Gipfel erreicht man von Süden zu Fuß.

Wanneck, auch Hochwannig, 2493 m

Ausgangshöhe	Aufstieg	Zeit	Hangrichtung
1600 m	900 m	2½ Std.	Nord

Allgemeines: Die soeben genannten Zahlen gelten, wenn man von Biberwier mit den Lifts zum Marienbergjoch fahren kann, von dort 200 Hm abfährt und den Aufstieg beginnt. Andernfalls muß man (besonders im späten Frühjahr) mit dem Aufstieg in Biberwier beginnen, was ihn um 1½ Stunden verlängert. Beste Zeit für das Wanneck ist um Ostern, wenn die Lifts noch fahren. Dann bietet dieses weite Nordkar eine eindrucksvolle großartige Abfahrt!
Die Route: Durch das Kar direkt auf den Gipfel, der bei guten Schneeverhältnissen mit Skiern erstiegen werden kann (ansonsten Skier stecken lassen und zu Fuß hinauf).

Plattberg, 2247 m

Ausgangshöhe	Aufstieg	Zeit	Hangrichtung
1100 m	1150 m	3 Std.	Süd

Allgemeines: Eine Firntour für März oder April, wenn der Schnee noch bis ins Tal reicht. Es sollte so früh aufgebrochen werden, daß man mittags wieder im Tal zurück ist. Die teilweise steilen Hänge erfordern sichere Schneelage.
Die Route: Sie beginnt in Lähn (4 km westlich von Lermoos) direkt am kleinen Bahnhof und führt über weite, teilweise mit Bäumen bestandene Wiesen (meist auf einer Rippe hinauf) bis zum Pfuitjöchl mit freiem Blick nach Norden. Von hier aus am besten zu Fuß nach links (Westen) auf den Gipfel. Die Abfahrt ist bei guten Firnverhältnissen ein Gedicht!

Hinterer Tajakopf, 2409 m

Von der Ehrwalder Alm
durch das Brendlkar

Ausgangshöhe	Aufstieg	Zeit	Hangrichtung
1000 m	1400 m	3 bis 4 Std.	Ost und Nord

Diese Tour deckt sich zwar mit der zweiten Hälfte der Grünsteinumrandung, wird aber auch oft als selbständige Tour, besonders im späten Frühjahr (wenn die Marienberglifts eingestellt sind), von Ehrwald aus unternommen. Sie ist bis in den Mai hinein möglich, dann müssen die Skier allerdings bis zur Ehrwalder Alm getragen werden.

Höhensturm am Hölltörl! Auch mit solchen Verhältnissen müssen Skibergsteiger rechnen. Wind, Kälte, Orientierung schaffen dann große Probleme! Selbst das Abschnallen und Einpacken der Steigfelle mit klammen Fingern wird zur Geduldsprobe.

Skigipfel über olympischen Loipen

Aufstieg im Firn, bei Gegenlicht, der Sonne entgegen. Weite Hänge und Idealschnee werden den beiden Skibergsteigern für genußvolles Abfahren garantieren!

Leutasch liegt zwischen Karwendel und Miemingern

Gasthof Neunerhof
Weidach 377
A-6105 Leutasch
Leutaschtal, Tirol
Leitung: Familie Kerschbaumer
Tel. (05214) 6259
D: (0043-5214) 6259

Öffnungs-/Ruhezeiten: In der Regel von Mitte April bis Mitte Mai und im November bis 20. Dezember geschlossen
Preiskategorie: II
Anzahl der Skitouren: 4
Lage des Hauses: In 1130 m Höhe oberhalb der südlichen Ortszufahrt an einem Hang (nachts ruhig)
Zufahrt: Inntalautobahn Ausfahrt Telfs oder Zirl und Verbindungsstraße Mittenwald-Scharnitz-Seefeld
Zimmer: 22 Betten, Ein- und Doppelzimmer, mit Dusche/WC, teilweise Balkon; Zentralheizung
Essen im Haus: Ja
Frühstückszeit: 8.00 Uhr bis Mittag oder nach Vereinbarung (Chef steht auch früher auf für seine Gäste, kein Thermo-Frühstück!)
Einkaufsmöglichkeit für Proviant: Im Ort
Parkplatz: Am Haus
Garage: Nein
Schneeketten für Zufahrt: Ja
Skiraum: Ja
Anreise mit öffentlichen Verkehrsmitteln: Bahnstation Seefeld, dann Zubringerbus bis 200 m vor das Haus, oder Bahnstation Mittenwald, dann Taxi 8 km
Andere Sportmöglichkeiten: Langlaufen, alpin Skifahren (3 Gehminuten vom Haus entfernt 2 Schlepplifts, 1 Sessellift), im Hallenbad schwimmen, Rodeln, Eisstockschießen
Wer weiß im Haus über Skitouren Bescheid: Die Wirtsleute holen gerne Auskunft bei der Skischule ein

Blick in die Speisenkarte, Spezialitäten: Die Küche führt bodenständige Gerichte, u.a. eine hausgemachte Frittatensuppe, Tiroler Gröstl, Schinkennudeln, Zwiebelrostbraten und Schnitzel, Grillspezialitäten und natürlich Mehlspeisen wie Palatschinken und Kaiserschmarren. Außerdem stehen täglich zwei Menüs zur Auswahl.

Aus meinem Notizbuch:
Dieses ursprüngliche Bauernhaus aus dem Jahre 1928 war eines der ersten Häuser, das Gäste beherbergte. Seit Anbeginn ist es im Familienbesitz und seit 1944 für Gäste eingerichtet, eine Renovierung erfolgte 1985. Seither haben sich fast ausschließlich Stammgäste hier eingenistet, die die familiäre Atmosphäre des Neunerhofs zu schätzen wissen. Und wenn man sich ein Weilchen mit den beiden Wirtsleuten unterhalten hat, dann weiß man genau, „Hier ist gut sein"! Die Zimmer sind behaglich eingerichtet, in der Stube ist eine kleine Theke für den Fünfuhrplausch, ehe die Wirtin zum Abendessen aufkocht. Ein Sonnenplätzchen ist an der Südmauer des Hauses. Außerdem hat die etwas exponierte Lage des Gasthofs den Vorteil, sozusagen „über" dem Fremdenverkehrsort Leutasch zu stehen. Wem also neubarocker Alpenstil in Höhe und Breite nicht liegt, residiert hier formidabel-heimelig.

Weitere Unterkunftsmöglichkeit:
Restaurant-Café-Pension Birkegg, Kirchplatzl 129, A-6105 Leutasch. Leitung: Kurt und Roswitha Kneringer, Tel. (05214) 6854.
25 Betten, Zimmer mit Dusche oder Bad/WC, ein 75-qm-Appartement; Zentralheizung.

Leutasch – ein Hochtal zwischen Wetterstein, Karwendel und Mieminger Bergen, von der Leutascher Ache durchflossen, die südlich von Mittenwald in die junge Isar fließt. Man erreicht dieses Tal entweder von Mittenwald durch die Leutascher Klamm, aber es ist auch im Westen geöffnet, in Richtung Seefeld, und dieser mondäne Tiroler Skiort mit Highlife, Lifts und Hotelpalästen gehört auch zur wichtigen Umgebung des Leutaschtales.
Leutasch – das ist eine Ansammlung von 16 Dörfern, die auf eine Länge von 15 km entlang der Leutascher Ache verteilt sind. Sie liegen alle um 1100 m hoch und können für Freunde anspruchsloser Pisten 8 Lifts bieten (zwei in Niederleutasch, je drei in Moos und Weidach). Dazu kommen aber großartige Langlaufmöglichkeiten: 1964 und 1976 wurden hier und im nahen Seefeld die nordischen Wettbewerbe der Olympischen Winterspiele ausgetragen und 1985 die Nordischen Skiweltmeisterschaften.
Der Prospekt des Verkehrsvereins Leutaschtal zählt 100 Hotels, Pensionen und Gasthöfe auf, 150 Adressen für Ferienwohnungen und 10 Privathäuser, die Zimmer vermieten: alte, gestandene Anwesen, ebenso wie neue, im übertriebenen neutirolerischen Holzfassadenstil. Trotzdem ist dieses Tal relativ ruhig geblieben, denn der Durchgangsverkehr ist umgeleitet.
Die Skitouren rings um Leutasch sind anspruchsvoll: 1600 Hm sind es auf die Pleisen- oder die Leutascher Dreitorspitze; das bedeutet rund 5 Aufstiegsstunden, und auf die Hohe Munde und den Solstein (beide über 2500 m hoch) ist es fast ebenso lang hinauf. Aber zum Erholen von den Bergstrapazen oder als Fluchtziel bei schlechtem Wetter entschädigen Innsbruck und Garmisch-Partenkirchen, beide nur 20 Autokilometer entfernt und auch mit der Bahn gut zu erreichen. Leutasch ist (nicht zuletzt wegen seiner gepflegten und schneesicheren Langlaufloipen und seiner guten Erreichbarkeit) ein nahezu idealer Standort für Tourenfahrer, wobei natürlich auch anspruchslosere Wanderungen (etwa ins Gais-, Karwendel- oder Hinterautal) nicht unerwähnt bleiben dürfen.

Pleisenspitze, 2567 m

Ausgangshöhe	Aufstieg	Zeit	Hangrichtung
950 m	1600 m	4½ Std.	Süd und West

Allgemeines: Die Pleisen ist ein Berg für Pulverschnee im Hochwinter, aber auch für Firn im April; allerdings wird man wegen der großen Höhe und der Süd- und Westrichtung der Hänge meist unterschiedlichen, oft auch schlechten Schnee vorfinden!

Trotzdem: sie ist einer der ganz wenigen Karwendelberge, die mit Skiern bestiegen werden können. Die Privathütte des Pleisen-Toni, an Wochenenden einfach bewirtschaftet und inzwischen für 35 Schlafplätze ausgebaut, bietet eine Rundsicht, die vom Zuckerhütl über den Riffler bis zur Parseierspitze reicht!

Die Route: In Scharnitz direkt an der Kirche am westlichen Isarufer entlang (Schild: Pleisenhütte), über die Brücke und das Auto beim Fahrverbot auf dem Parkplatz (an der Abzweigung der Straße ins Karwendeltal) stehen lassen. Hier zu Fuß auf der Forststraße weiter, nach 10 Minuten wird der von links herabkommende Karwendelbach überquert und nach weiteren 5 Minuten zweigt man links die Forststraße ab (immer gut beschildert). Bei der nächsten Brücke mit scharfer Kurve verläßt man jedoch die Forststraße und hält sich im Bereich des Bachbettes aufwärts, bis man nach 2½ Stunden die Pleisenhütte erreicht. Schöner Rastplatz; allein der Aufstieg bis hierher lohnt sich! Dann ins Vorderkar hinein, bald jedoch nach rechts auf die große Südrippe hinaus und auf dieser hinauf bis zum großen Gipfelkreuz. Eine landschaftlich großartige Tour, die nach Auskunft des Pleisen-Toni noch nie ein Lawinenopfer gefordert hat!

Hohe Munde, 2592 m

Ausgangshöhe	Aufstieg	Zeit	Hangrichtung
1200 m	1400 m	3½ Std.	Ost

Allgemeines: Die Munde ist mit ihrem riesigen und makellos weißen Ostrücken das Wahrzeichen des Leutaschtales. Dieser Rücken (im oberen Teil 30 bis 40 Grad steil!) ist bei guten und sicheren Schneeverhältnissen eine großzügige Skitour.

Die Route: Die Lifts von Moos zur Rauthütte (1600 m) kann man nicht benützen, weil man wegen der starken Sonneneinstrahlung auf die Osthänge schon im Morgengrauen aufbrechen sollte. Man steigt also entlang der Piste auf, hält sich dann oberhalb der Rauthütte mehr rechts (nördlich) und erreicht den Gipfel, wobei nur der Ostgipfel betreten wird; der Westgipfel ist 67 m höher.

Leutascher Dreitorspitze, 2689 m

Ausgangshöhe	Aufstieg	Zeit	Hangrichtung
1100 m	1600 m	4½ Std.	Ost

Allgemeines: Das dürfte eine der Skitouren dieses Buches sein, die am wenigsten begangen sind: eine Sache nur für das späte Frühjahr, bei Firn, wobei man die erste Aufstiegsstunde die Skier sicherlich auf den Schultern über die grünen Hänge tragen muß, dann aber oben breite, unberührte Hänge vorfindet und die steile Rinne nördlich des Gipfels zu Fuß hinaufsteigt.

Die Route: Man muß sich im Bereich des Ortes Reindlau die Markierung des Sommerweges ins Berglental bzw. zur Meilerhütte oder auch zur Dreitorspitze suchen. Die erste halbe Stunde im lichten Wald südlich des Baches ansteigen; die Klamm selbst wird direkt im Bachbett durchstiegen (das mit bis zu 10 m hohen Schneeresten der Lawinen voll ist). Dann steigt man an den steilen Nordhängen des Öfelekopfes empor, erreicht flaches Gelände, überquert dieses nach Westen auf die steile, schmale Schneerinne, die nördlich des Gipfels herabzieht. Hier entweder Skidepot und zu Fuß hinauf oder auch bei guten Verhältnissen die Skier hinaufnehmen und die Rinne dann abfahren. Eine sehr alpine, anspruchsvolle, abwechslungsreiche Tour!

Großer Solstein, 2540 m

Ausgangshöhe	Aufstieg	Zeit	Hangrichtung
1000 m	1500 m	4 Std.	Südost

Allgemeines: Wie die Hohe Munde bietet der Solstein einen idealen, freien Rücken (diesmal einen Westrücken!), der gut befahren werden kann, aber nicht so steil ist wie bei der Munde. Dieser große Hang ist besonders gut von Innsbruck, aber auch von der Pleisenspitze als Tiefschneeherausforderung zu sehen!

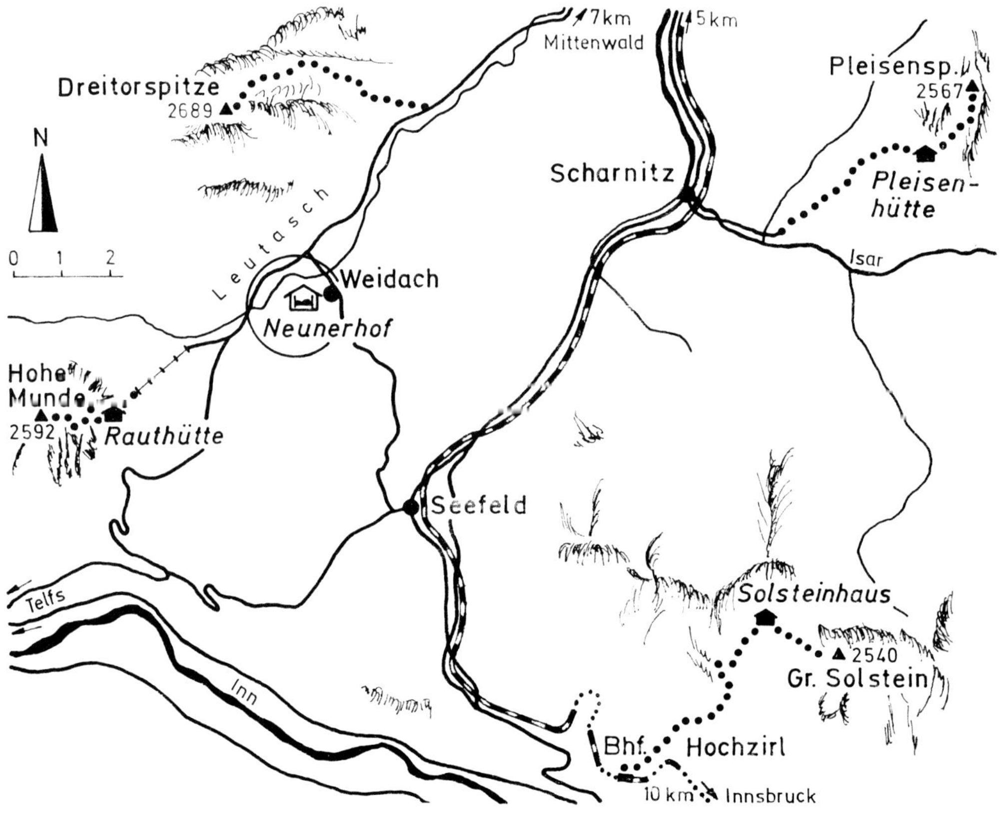

Die Route: Man fährt mit dem Zug oder auch mit dem Auto über Seefeld nach Hochzirl und beginnt den Fußaufstieg fast direkt am gleichnamigen Bahnhof. Evtl. kann man die Fahrstraße in Richtung Solsteinhaus auch noch einen Kilometer weiter befahren, steigt dann jedoch über die Solnalm zum Solsteinhaus (1605 m, 2 Std.). Jetzt über die (unten steile) Westflanke des Solsteins hinauf und dann in gleichmäßiger Neigung auf den Gipfel. Die Abfahrt wird besonders bei Firn im April häufig unternommen.
Noch später, im Mai, wird gelegentlich die Reither Spitze ebenfalls vom Solsteinhaus über ihre steile Südflanke begangen und befahren.

Auf dem Großen Solstein. Die Bergsteiger kommen zu Fuß herauf und haben den langen Westhang hinter sich.
Knapp rechts vom Kreuz ist der lange und steile Osthang der Hohen Munde zu sehen, eine lohnende Skitour!

Abseits der Ötztaler Modeberge

Drei Bergsteiger im Anstieg zum Hochwildegipfel. Hinter diesem weiten Schneerücken türmen sich die Gipfelfelsen auf, deren Schlußanstieg drahtseilversichert ist.

Lange, wenig bekannte Touren von Obergurgl

Berggasthof Gamper
A-6456 Obergurgl/Ötztal
Tirol
Leitung: Familie Gamper
Tel. (05256) 238
D: (0043-5256) 238

Öffnungs-/Ruhezeiten: Zimmer mit Frühstück gibt es ganzjährig, Restaurant Mai bis Anfang Juni und etwa Oktober/November geschlossen
Preiskategorie: I
Anzahl der Skitouren: 5
Lage des Hauses: In 1930 m Höhe, zentral am südlichen Ortsrand in unmittelbarer Nähe des Gaisberg-Lifts
Zufahrt: Autobahn zwischen Innsbruck und Imst, Abzweigung Ötztal, durch das Tal in Richtung Süden bis Obergurgl
Zimmer: 60 Betten, Zimmer mit Dusche/Bad/WC, Balkon; Zentralheizung
Essen im Haus: Ja
Frühstückszeit: Buffet ab 7.00 Uhr; nach Vereinbarung früher möglich
Einkaufsmöglichkeit für Proviant: Im Ort
Parkplatz: Am Haus
Garage: Ja
Schneeketten für Zufahrt: In der Regel nicht
Skiraum: Ja
Anreise mit öffentlichen Verkehrsmitteln: Bahnstation Ötztal, Bus bis Obergurgl
Andere Sportmöglichkeiten: Langlaufen, alpin Skifahren, Eislaufen, Eisstockschießen
Wer weiß im Haus über Skitouren Bescheid: Der Inhaber, Herr Gamper (Bergführer)

Blick in die Speisenkarte, Spezialitäten: Eine auswahlreiche Karte mit internationalen Speisen, aber auch die Tiroler Küche kommt Gott sei Dank nicht zu kurz. Als Besonderheit stehen Abendspezialitäten zu lesen mit Gerichten für die „Fleischkatzen“ (Hirtenspieß), aber auch eine Gemüseplatte oder auf Vorbestellung Schweizer Raclette und Fondue. Oder lieber einen Wiener Zwiebelrostbraten mit Bratkartoffeln?

Aus meinem Notizbuch:
Ursprünglich war es das älteste Haus in Obergurgl, ein Bauernhof, einige Räume und ein Stadl sind noch vorhanden. Im Lauf der Jahre wurde halt immer wieder dazugebaut und umgebaut, doch merkt man dem Haus noch heute sein schönes behäbiges Fundament an. Geschichte haben Haus und Familie aufzuweisen: Andreas Hofer hat hier einmal geschlafen und die Familie und Ahnen der Gamper sind ein altes, vornehmes Tiroler Geschlecht, das bereits im 13. Jahrhundert genannt wird mit Stammsitz in Martell. Heute ist die Linie in Österreich, der Schweiz und Bayern verzweigt. Das Wappentier ist ein springender Steinbock.
Der Berggasthof unserer Tage ist behaglich und mit viel Holzverkleidung eingerichtet, nicht übertrieben, sondern solide.

Weitere Unterkunftsmöglichkeiten:
Frühstückspension-Gästehaus Sonnhof, A-6456 Obergurgl. Leitung: Familie Gamper, Tel. (05256) 315. 16 Betten Bad/WC, Balkon.

Oder: Auskunft über Verkehrsverein Obergurgl, Tel. (05256) 238. Da Obergurgl ein bekannter Skiort ist, könnte die Zimmerbeschaffung schwierig sein, insbesondere in der Hauptsaison. Bitte rechtzeitig anmelden!

Obergurgl liegt 1910 m hoch und ist das höchstgelegene Kirchdorf Europas! Es hat sich vom kleinen, armen Bergbauerndorf zum modernen internationalen Skiplatz gemausert, mit 1000 Hotelbetten, 700 Betten in Pensionen und Privatquartieren, mit 11 Lifts (davon 3 Doppelsesselanlagen), mit Langlaufloipe und Übernachtungspreisen, die von 200 Schilling (für das Zimmer mit Frühstück) bis zu 1000 Schilling für Vollpension im Superhotel reichen.
Obergurgl ist aber auch ein hervorragender Bergsteigerort mit zwei Dutzend Dreitausendern rundherum. Schon vor der Jahrhundertwende kamen Engländer, Amerikaner, Belgier und Deutsche, um (mit Führer, versteht sich!) Gletschertouren zu unternehmen. Drei Alpenvereinshütten dienen als Stützpunkte zwischen Obergurgl und den vergletscherten Gipfeln; freilich sind davon nur zwei, nämlich Hochwildehaus und Neue Karlsruher Hütte ab März bewirtschaftet. Wer Skihochtouren von Obergurgl aus unternehmen will, der findet hier einige der großzügigsten Tourenvorschläge dieses Buches. Wir werden nicht die Touren im Königstal beschreiben, auch nicht die im Bereich der Timmelsjochstraße oder die Südhänge auf den Zirmkogel, sondern die klassischen Berge südlich von Obergurgl mit langen, schneesicheren Nordabfahrten.
Im Rahmen dieses Buches sind die hier beschriebenen Skihochtouren um Obergurgl die längsten. Und noch ein Superlativ: als einzige Skitour sei hier eine zweitägige vorgeschlagen, nämlich auf den Schalfkogel mit Abfahrt hinaus nach Vent – eine der schönsten im Ostalpenraum, die man natürlich nur mit kundigen Gefährten oder Bergführer unternehmen sollte.
Obergurgl sieht nicht sehr viele Skibergsteiger. Um Ostern, im April oder Mai sind es nur ein paar hundert, die sich in jeder Saison auf den langen Weg in Richtung Schönwies- und Neue Karlsruher Hütte und schließlich zum Hochwildehaus machen. So beginnt nämlich die klassische Durchquerung der Ötztaler. Aber die, die kommen – inzwischen sind es auch französische, Schweizer oder italienische Bergsteiger – sind begeistert!

Der Weg zur Schönwieshütte

ist allen hier genannten Touren gemeinsam. Dieses Privathaus (2262 m hoch gelegen, über das Wochenende bewirtschaftet, nicht zum Übernachten!) erreicht man, indem man vom Zentrum Obergurgls zuerst den Gaisberg-Doppelsessellift und nach kurzer Abfahrt anschließend den Schlepper „Sattelberg" benutzt und von dessen Bergstation in 30 Min. ohne Felle fast eben hinüberquert. Die Felle zieht man am besten knapp unterhalb der Schönwieshütte an, weil man dann von hier aus alle Touren angeht. Leider verkehren die genannten Lifts erst ab ca. 8.30 Uhr, so daß man für längere Touren oder wenn man früh aufbrechen will, zu Fuß ansteigen muß; dann dauert der Weg zur Schönwieshütte etwa zwei Stunden, und das ist dann die Zeitspanne, die man den hier anschließend genannten Touren zuschlagen muß. Als Ausgangshöhen und für die Gehzeiten wird im folgenden immer die Schönwieshütte zugrunde gelegt.

Eiskögele, 3228 m

Ausgangshöhe	Aufstieg	Zeit	Hangrichtung
2262 m	960 m	3 Std.	Nordwest

Allgemeines: Schöne, interessante Tour von der Neuen Karlsruher Hütte.
Die Route: Von der Schönwieshütte in einer Stunde zur Neuen Karlsruher Hütte. Von hier aus genau nach Osten ansteigen: ins Innere Hochebenkar und weiter oben auf den Hochebenferner; die Skier läßt man knapp unterhalb der Scharte links vom Gipfel und steigt dann zu Fuß in leichter Kletterei auf den Gipfel. Bei Firn eine schöne, rassige Abfahrt.

Hangerer, 3021 m

Ausgangshöhe	Aufstieg	Zeit	Hangrichtung
2262 m	750 m	2½ Std.	West bzw. Nord

Allgemeines: Der Hangerer liegt genau südlich der Schönwieshütte und trennt das Rotmoos- und das Gurgler Tal. Auf ihn führt die kürzeste unserer Skitouren von Obergurgl.
Die Route: Von der Schönwieshütte entweder 10 Min. das Rotmoostal hinein und dann in steilen Serpentinen die erste Stufe rechts hinauf und schließlich über weite Karböden in die Scharte südlich des Gipfels (2895 m). Oder aber der Westanstieg: gleich nach der Gurgler Alm (zwei verfallene Steinhütten) über die gestuften Böden hinauf zur erwähnten Scharte. Von hier aus in leichter Kletterei auf den Gipfel. Abfahrt je nach Schneequalität über eine der genannten Aufstiegsrouten. Diese Tour sollte nur bei sicheren Schneeverhältnissen – am besten bei Firn – gemacht werden.

Liebenerspitze, 3400 m

Ausgangshöhe	Aufstieg	Zeit	Hangrichtung
2262 m	1140 m	4 Std.	Nord und West

Allgemeines: Eine großzügige, lange Tour, selten begangen.
Die Route: Bei sehr sicherem Schnee kann die Sesselbahn auf die Hohe Mut (2660 m) genommen werden, dann sind 300 Hm steil nach Südwesten abzufahren. Ansonsten gelangt man von der Schönwieshütte ins Rotmoostal, wandert dieses (zunächst 2 km eben) hinein, erreicht den Gletscher, hält sich an dessen linkem Rand bis an den Fuß des Gipfels, dann zu Fuß über die felsdurchsetzte Schneeflanke auf die Scharte (herrliche Aussicht!) und weiter zum Gipfel.

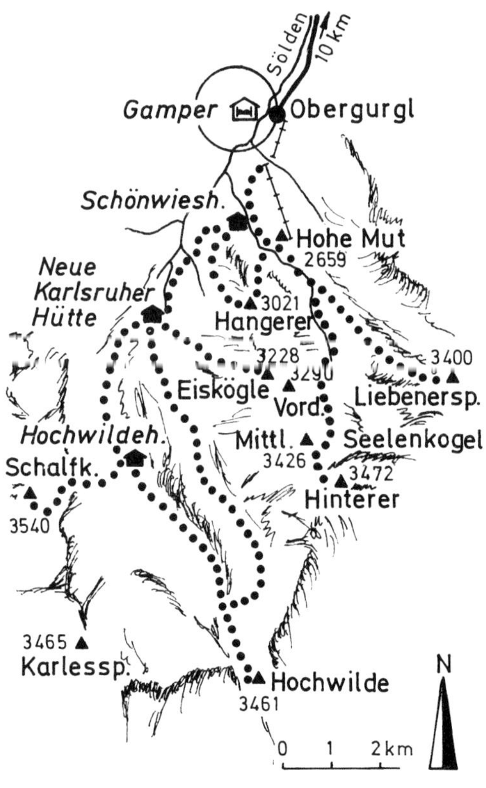

Hinterer Seelenkogel, 3472 m

Ausgangshöhe	Aufstieg	Zeit	Hangrichtung
2262 m	1200 m	4 Std.	Nordost

Allgemeines: Diese Tour über den Wasserfallferner ist hochalpin, teilweise steil und spaltengefährdet. Eine der großzügigsten Skitouren in den Ötztaler Bergen!
Die Route: Von der Schönwieshütte etwa 3,5 km in das Rotmoostal hinein, dann nach rechts aufwärts (steil!) und wieder flacher werdend über den westlichen Teil des Wasserfallferners hinauf und über den Nordgrat auf den Gipfel.

Hochwilde, 3461 m

Ausgangshöhe	Aufstieg	Zeit	Hangrichtung
2262 m	1200 m	5 Std.	Nord und Nordost

Allgemeines: Dieser Gipfel, einer der berühmtesten der Ötztaler, läßt sich sowohl über die Neue Karlsruher Hütte und das Hochwildehaus machen, oder aber (kürzer) über den Langtaler Ferner. Für die Abfahrt zurück nach Obergurgl ist diese Route unbedingt vorzuziehen, weil man andernfalls den flachen Gurgler Ferner und die Eisenleiter abwärts sowie den halbstündigen Gegenanstieg zur Karlsruher Hütte in Kauf nehmen muß.
Die Route: Von der Schönwieshütte in 1 Std. zur Neuen Karlsruher Hütte und weiter über den Langtaler Ferner bis auf den Südsattel des Annakogels (3290 m). Dann soweit möglich mit Skiern weiter und zuletzt zu Fuß über den oben versicherten Steig auf den Gipfel.
Die **Zweitagestour auf dem Schalfkogel** (3540 m) **mit Abfahrt nach Vent** ist eine der eindrucksvollsten Touren unserer Ostalpen; gleichzeitig schließt sie die beiden ersten Etappen der klassischen Ötztaler Skidurchquerung ein. Sie sei nur kurz angedeutet: 1. Tag über Neue Karlsruher Hütte zum Hochwildehaus (4 Std.). 2. Tag: in 3 Std. über das Schalfkogeljoch auf den Schalfkogel, großartige Gletscherabfahrt nach Westen, am Martin-Busch-Haus vorbei und hinaus nach Vent und per Bus oder Anhalter zurück nach Obergurgl.

Oben links die Neue Karlsruher Hütte, an der viele der Touren um Obergurgl vorbeiführen. Oben rechts der Rotmoosferner mit dem Anstieg zur Liebenerspitze. Unten die letzten Meter zum Gipfel des Hinteren Seelenkogels.

Tiefschnee im Fotscher Tal

Rast auf dem Schaflegerkogel. Im Hintergrund die eindrucksvolle Kulisse der Kalkkögel.

Das Dorf Sellrain als Tourenstandort

Gasthof Pension Neuwirt
A-6181 Sellrain 70
Tirol, Sellraintal
Leitung: Hans Zöttl
Tel. (05230) 212
D: (0043-5230) 212

Öffnungs-/Ruhezeiten: Oktober/November teilweise geschlossen
Preiskategorie: III
Anzahl der Skitouren: 3
Lage des Hauses: In 900 m Höhe, im Ortszentrum, am Eingang zum Fotscher Tal
Zufahrt: Inntalautobahn, Ausfahrt Sellrain
Zimmer: 38 Betten, Zimmer mit und ohne Dusche/WC, Balkon; Zentralheizung
Essen im Haus: Ja
Frühstückszeit: Nach Vereinbarung
Einkaufsmöglichkeit für Proviant: Im Ort
Parkplatz: Am Haus
Garage: Nein
Schneeketten für Zufahrt: Zum Haus nein, für Tourenzufahrt ja
Skiraum: Ja
Anreise mit öffentlichen Verkehrsmitteln: Bahnstation Innsbruck, dann Postbus nach Sellrain
Andere Sportmöglichkeiten: Langlaufen, Rodeln, Schwimmen, alpin Skifahren in den nahegelegenen Orten
Wer weiß im Haus über Skitouren Bescheid: Die Wirtsleute vermitteln Auskunft über die Skischule

Blick in die Speisenkarte, Spezialitäten:
Die traditionellen Schnitzel- und Fleischgerichte, kalte Brotzeiten, Suppen und ein bißchen Süßes, alles ohne viel verwirrende Bezeichnungen, das ist die Speisenkarte des Neuwirt.

Aus meinem Notizbuch:
Die Eltern des Wirtes waren die früheren Pächter des „Potsdamer Hütte“, und dort ist er auch zur Welt gekommen. Wenn man auf die Südseite des Hauses geht, dann steht man schon auf dem Weg ins Fotschertal. Der Gasthof ist rustikal eingerichtet.

Weitere Unterkunftsmöglichkeit:
Alpengasthof Bergheim, A-6181 Sellrain/Tirol, Fotscher Tal. Leitung: Familie Wimmer, ohne Telefon (Anfragen schriftlich). 48 Betten, 12 Matratzenlager, Etagendusche. Zentralheizung (auch im Matratzenlager).
Das Bergheim ist von der Ortschaft Sellrain in 50 Min. zu Fuß zu erreichen. Die schmale Zufahrtsstraße ist im Winter nur mit Ketten befahrbar und zeitweise ganz gesperrt wegen der Schlittenfahrer (15.12. bis 31.3.) Die stundenweisen Sperrungen der übrigen Zeiten sind jeweils angeschrieben. Auf schriftliche Anmeldung ist eine Abholung vom Bahnhof Innsbruck oder von der Bushaltestelle Sellrain möglich.
Das Bergheim ist ein guter „Nicht-ganz-Tal-Stützpunkt“, die Skitourengeher steigen von der Stube sozusagen in die Spur, das gleiche gilt natürlich für die letzten Schwünge bei der Abfahrt – keine langen Verbindungsmärsche in Skistiefeln! Am Haus ist noch ein kleiner Übungslift für die Alpin-Skifahrer, oder als Zeitvertreib eine Partie ins Tal auf der Naturrodelbahn, vielleicht einmal wieder „Mondscheinrodeln“. Ich habe schon sehr angenehme Weihnachtstage in diesem Bergheim verbracht, kein großer Komfort, aber gerade richtig für ein Bergheim auf vorgeschobener Höhe.

Die Sellrainer Berge verdienen es, gleich dreimal mit Talstützpunkten und Tourenvorschlägen in diesem Buch vertreten zu sein: Haggen weit oben in Richtung Kühtai, Praxmar als Ausgangspunkt für mehrere großartige Dreitausender und noch das Dorf Sellrain selbst, am Eingang des Tales, dem es seinen Namen gegeben hat. Es liegt an der Melach, 900 m hoch, hat 1500 Einwohner, mehrere Gasthöfe jeder Preiskategorie, viele Privatzimmer, Einkaufsmöglichkeiten, Busverbindung nach Innsbruck – kurz: genügend „Infrastruktur“.
Wer in Sellrain Quartier macht, dem stehen (mit Bus- oder Pkw-Benutzung) eigentlich alle Skitouren offen. Aber er wird natürlich in erster Linie die aus dem Fotscher Tal machen: den Schafleger im Osten oder gegenüber Windegg, Roter Kogel, Auf Sömen oder (weiteste Tour ganz im Süden des Fotscher Tales) den Wildkopf, alles Berge um 2600 und 2800 m Höhe mit weiten Traumflanken, deren Pulverschnee jedes Skifahrerherz höher schlagen läßt.
Die Fotsch war 50 Jahre lang Ausgangspunkt des damals berühmten „Innsbrucker Expreß“: man stieg 1000 Hm hinauf zum Schafleger, fuhr jenseits 800 Hm ab zur Kemater Alm, stieg 700 Hm auf zum Hoadl, fuhr jenseits 800 Hm ab zur Lizumalm und stieg schließlich noch einmal 500 m auf das Birgitzköpfl, um dann in Götzens das Inntal zu erreichen. Heute ist diese Tour für Bergsteiger uninteressant geworden, weil das Gebiet um den Hoadl durch Lifts erschlossen ist. Aber Tradition und nach wie vor traumhafte Tiefschneehänge haben diese Berge noch immer!

Der Weg in das Fotscher Tal
hinauf bis zum Gasthaus Bergheim ist den drei im folgenden geschilderten Touren gemeinsam: Genau im Zentrum von Sellrain, sofort westlich der Brücke über den Fotscher Bach führt die schmale Fahrstraße hinauf. Wer nicht gerade ein geländegängiges Fahrzeug hat, braucht Ketten für diese 5 km; der obere Teil hat ein zeitlich begrenztes Fahrverbot: Schilder sagen genau, wann Autos hinauffahren dürfen, die restliche Zeit ist für Rodler reserviert. Oben am Haus gibt es genügend Parkplätze.

Roter Kogel, 2834 m

Ausgangshöhe	Aufstieg	Zeit	Hangrichtung
1460 m	1400 m	4 bis 5 Std.	Ost

Allgemeines: Eine landschaftlich schöne Tour, deren oberes Drittel (unterhalb des Gipfelhanges) recht flach ist und schnellen Schnee erfordert. Man kann auch die Potsdamer Hütte als Stützpunkt wählen (sehr gemütlich, gut geführt, in 1½ Std. vom Gasthaus Bergheim zu erreichen).
Die Route: Vom Gasthaus Bergheim den Fotscher Bach 7 km entlang nach Süden, dann zur Potsdamer Hütte aufsteigen (2012 m). Jetzt steil nach Nordwesten aufsteigen, dann den Markierungsstangen nach über flaches Gelände und zuletzt steiler auf den Gipfel. Die Abfahrt sollte nicht über die Potsdamer Hütte, sondern auf Höhe 2000 m nach Norden, über die Allmindalm geführt werden, wo man auf die Spuren vom Windegg trifft.

Windegg, 2577 m

Ausgangshöhe	Aufstieg	Zeit	Hangrichtung
1460 m	1100 m	3 Std.	Ost

Allgemeines: Besonders bei Pulverschnee wegen der idealen, hindernislosen Hänge eine Traumabfahrt! Gipfelbereich nach starken Neuschneefällen nicht ohne Lawinengefahr.
Die Route: Vom Gasthaus Bergheim leicht südwestlich abfahrend zum Bach hinunter und über die Brücke, dann einige Minuten taleinwärts, jedoch immer auf der Forststraße haltend zur Allmindalm. Jetzt folgt baumbestandenes Gelände und eine kurze Waldpassage, dann über die freien Hänge hinauf, entweder direkt (steiler) auf den Gipfel oder in großem Rechtsbogen ausholend und über den Nordgrat auf das Windegg.

Schafleger, 2405 m

Ausgangshöhe	Aufstieg	Zeit	Hangrichtung
1460 m	950 m	3½ Std.	West

Allgemeines: Eine empfehlenswerte, unschwierige Tour, das untere Drittel durch Wald, oben über freie Idealhänge. Vom Gipfel eindrucksvolle Sicht auf die Kalkkögel.
Die Route: Der Aufstieg beginnt entweder direkt am Gasthaus Bergheim nach Osten den steilen Wald hinauf oder auch 1 km unten haltend taleinwärts und dann über steile, baumbestandene Westhänge hinauf. Ab der Furggesalm (1940 m) werden die Hänge frei; man erreicht den Grat nördlich des Gipfels und geht mit Skiern bis auf den höchsten Punkt.

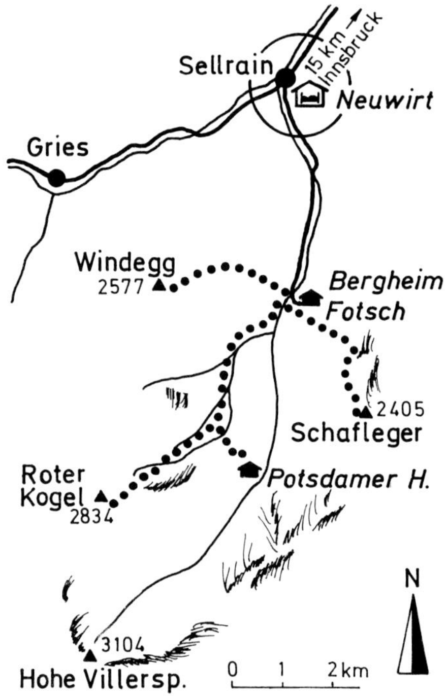

Abfahrt vom Schafleger nach Osten, ins Senderstal. Dahinter die Kalkkögel-Gipfel Riepenwand und Ochsenwand. Staubender Pulverschnee ist der Lohn für einen kalten Januartag! Mit dieser Etappe begann der früher beliebte „Innsbrucker Expreß".

Die schönsten Stubaier Skigipfel

Praxmar als Ideal-Stützpunkt

Gasthaus Schwarzerhof
A-6182 Praxmar 10
Tirol, Stubaier Alpen
Leitung: Familie Gruber
Tel. (05236) 281
D: (0043-5236) 281

Öffnungs-/Ruhezeiten: In der Regel vom 20. Oktober bis 20. Dezember geschlossen
Preiskategorie: II
Anzahl der Skitouren: 7
Lage des Hauses: In 1689 m Höhe in der Ortsmitte, an einen Südhang gebaut
Zufahrt: Inntalautobahn, zwischen Innsbruck und Telfs die Ausfahrt Kematen/Sellraintal; in Gries i. Sellraintal abzweigen Richtung Praxmar
Zimmer: 1 Einbettzimmer (1 bis 2 Personen), 2 Zweibettzimmer (erweiterbar durch Stockbetten oder Ausziehcouch für je 2 Personen), 3 Zweibettzimmer, 1 Dreibettzimmer, 1 Ferienwohnung (2 bis 4 Personen). Die Zimmer alle mit Bad, Dusche/WC; Zentralheizung. Teilweise Balkon.
Essen im Haus: Ja
Frühstückszeit: Nach Vereinbarung
Einkaufsmöglichkeit für Proviant: In Gries, 7 km entfernt
Parkplatz: Am Haus
Garage: Nein
Schneeketten für Zufahrt: Ja
Skiraum: Ja
Anreise mit öffentlichen Verkehrsmitteln: Bahnstation Innsbruck, ab Innsbruck-Autobahnhof nach Gries im Sellrain, ab Gries mit Taxi bis Praxmar (7 km)
Andere Sportmöglichkeiten: Langlaufen, alpin Skifahren (Skilift am Haus), Rodeln und Eissport in nahegelegenen Skiorten
Wer weiß im Haus über Skitouren Bescheid: Der Wirt beschafft Informationen über die Skischule Gries/Praxmar

Blick in die Speisenkarte, Spezialitäten:
Das Frühstücksgedeck wird individuell gehandhabt, mal mit Frischwurst oder Frischkäse, man ist nicht kleinlich. Jeden Tag wird ein Menü gekocht, außer den Fleischspeisen, den Kleinen warme Speisen; Brotzeiten und Suppen, nach der Standardkarte. Eine Tiroler Knödelsuppe, zum Ausgleich für Flüssigkeits- und Salzverlust, könnte nicht schaden.

Aus meinem Notizbuch:
Der Schwarzerhof ist im Besitz der Erzabtei Salzburg. Er wurde 1980 erbaut an der Stelle eines früheren Bauernhofes mit dem Besitzernamen Schwarzer. Der Bauer trat in ein Kloster ein, er war Namensgeber unseres Gasthofes. Die Pächterfamilie stammt ebenfalls aus dem Sellraintal. Dem Gasthof ist eine Hauskapelle angebaut für kirchliche Anlässe. Wie wär's? Nichtverheiratete und Skitourenfreunde! Hochzeitstour auf den Zischgeles? Immerhin ein genußvolles Dreitausenderchen! Außerdem, der Schwarzerhof hat eine einladende Sonnenterrasse, an deren Balustrade man direkt von der Abfahrt landen kann. Den Zischgeles, den ersten Dreitausender meines Lebens, haben wir allerdings drinnen in der guten Stube gefeiert, es war Hochwinterzeit – was dem süffigen Rot'n aber durchaus gar keinen Abbruch tat!

Weitere Unterkunftsmöglichkeit:
(Nachbarschaft) Alpengasthof Praxmar, A-6182 Praxmar. Leitung: Familie Melmer, Tel. (05236) 212. 50 Betten, Zimmer mit Kalt- und Warmwasser, Etagendusche; Zentralheizung.

Das Lisenstal stellt das Herz der Sellrainer Berge dar, ein im Sommer und Winter gleichermaßen schönes und eindrucksvolles Tal, das in Gries beginnt und nach 8 km in Lisens für den Autoverkehr endet. Zahlreiche Pensionen und Privatzimmer sorgen an seinem Beginn für Quartier; weiter hinten bleiben nur Praxmar (mit mehreren Möglichkeiten) und Lisens (mit einem großen Gasthaus, beide etwa 1700 m hoch gelegen) als Stützpunkte.
Wir wählen mit voller Absicht Praxmar, weil hier mehrere Wirtshäuser zur Verfügung stehen und zwei unserer Touren direkt vor der Haustür beginnen. Auch verschiedene Alpinschulen wählen diesen Ort für eine Tourenwoche, und Lifts stehen für Schlechtwetter oder als Abwechslung zur Verfügung – das kann Lisens nicht bieten. Die Zeit für Skitouren ist hier länger als bei unseren anderen Sellrain-Stützpunkten: von Weihnachten bis in den Mai hinein, und der Lisenser wird sogar noch im Juni über seine Nordflanke befahren. Wegen der Schneesicherheit und der Großzügigkeit seiner Touren ist dieses Gebiet sehr stark besucht; oft sind es 100 und mehr Pkw, die auf den geräumten Parkplätzen in Praxmar oder Lisens stehen. Spuren sowie nicht zu verfehlende Abfahrten, oft bis zur Piste ausgefahren, sind immer vorhanden.
Wer die großen einsamen Touren sucht, der ist hier fehl am Platz. Leider sind nur Lampsen- und Schöntalspitze relativ lawinensicher. Zischgeles und insbesondere Lisenser haben jedes Jahr Lawinenabgänge und gelegentlich auch Todesopfer zu verzeichnen. Sichere Schneelage ist hier also wichtige Voraussetzung.
Ein paar Worte noch zu den Touren rund um das Westfalenhaus. Zwar eignet sich auch dieses als Stützpunkt, aber für den Längentaler oder den Seeblaskogel (zwei der schönsten Skiberge der Stubaier überhaupt) muß man vom Westfalenhaus jeweils erst ins Tal des Längentalerbaches abfahren, so daß diese Touren mehr und mehr von Lisens aus gemacht werden, weshalb der Aufstieg dann 1½ Std. länger ist als vom Westfalenhaus (dort zieht man seine Spur unterhalb vorbei).

Lampsenspitze, 2875 m

Ausgangshöhe	Aufstieg	Zeit	Hangrichtung
1685 m	1200 m	3½ Std.	Ost

Allgemeines: Eine der schönsten Skitouren im Sellrain, sowohl bei Pulverschnee im Januar oder Februar als auch bei Firn. Sehr abwechslungsreiches Gelände, kaum lawinengefährlich.
Die Route: Die Benutzung des Lifts (direkt im Ort) erspart 20 Min. beim Aufstieg. Dann in gleicher Richtung weiter nach Westen, zunächst durch baumbestandenes Gelände, das bald darauf frei wird, gelegentlich über steilere Stufen mit Skiern bis auf den Gipfel.

Zischgeles, 3005 m

Ausgangshöhe	Aufstieg	Zeit	Hangrichtung
1685 m	1300 m	3½ Std.	Nordost

Allgemeines: Eine Modetour, meist zur Piste ausgefahren, aber ein schöner, leichter Skidreitausender. Durch Benutzung des langen Schlepplifts (der bis auf 2180 m führt), läßt sich eine Aufstiegsstunde einsparen.
Die Route: Von der Lift-Bergstation etwas nach rechts abfahren, dann die Felle anschnallen und problemlos zum Gipfel ansteigen, der ständig sichtbar ist. Die letzten 10 Min. zu Fuß auf den Gipfel. Die Abfahrt kann genauso gewählt werden, ist jedoch schöner und etwas steiler und meist nicht so ausgefahren durch das Sattelloch: eine Variante, die weiter nördlich verläuft und sich nach einem Drittel der Gesamthöhe wieder mit der Normalabfahrt vereinigt.

Lisenser, 3108 m

Ausgangshöhe	Aufstieg	Zeit	Hangrichtung
1650 m	1550 m	4 Std.	Nord

Allgemeines: Der Lisenser Fernerkogel gehört zu den stolzesten und anspruchsvollen Sellrainer Skibergen: eine lange Tour. Unten ½ Std. flach in den Fernerboden, dann 2 Std. über den riesigen Steilhang (der nicht lawinenfrei ist!), dann über den Gletscher (oben flach), um eine Felsrippe herum und schließlich die letzten 100 Hm zu Fuß auf den Gipfel.

Die Route: Vom Gasthof Lisens (Parkplatz für 50 Autos!) flach nach Süden; der folgende große Steilhang wird etwas rechts haltend begangen. Der Gletscher (zunächst flach, dann steiler und spaltig) wird ganz rechts begangen. Man hält sich auch in seinem oberen (flachen) Stück ganz rechts und darf nicht versäumen, auf Höhe 3000 m scharf nach rechts ansteigend den Felssporn zu ersteigen, um diesen herum (Skier evtl tragen) und dann wieder über den Rotgratferner nach Nordwesten zum Sattel (Skidepot) und über Blöcke 15 Min. auf den Gipfel. Die Abfahrt vom Lisenser gehört zu den ganz großen Abfahrten unserer Ostalpen, wobei wegen der großen Höhendifferenz (1500 m) mit wechselndem Schnee zu rechnen ist.

Schöntalspitze, 3002 m

Ausgangshöhe	Aufstieg	Zeit	Hangrichtung
1650 m	1350 m	3½ Std.	Ost

Allgemeines: Die wohl am wenigsten begangene Tour im Lisenstal, nur bei Firn; unten im Tal und im Gipfelbereich sehr steil. Häufig wird nicht der Gipfel, sondern nur die 50 m niedrigere Scharte begangen.
Die Route: Vom Gasthaus Lisens sofort über die Brücke und ansteigend nach We-

sten die erste Steilstufe hinauf. In dem folgenden weiten Karboden links haltend hinauf und schließlich die steile Schneerinne nach Süden in Richtung Gipfel ansteigen.

Roter Kogel, 2834 m

Ausgangshöhe	Aufstieg	Zeit	Hangrichtung
1600 m	1200 m	3 Std.	West

Dieser Berg wird meist von Osten, über die Potsdamer Hütte bestiegen, und dieser Anstieg wurde auch im vorigen Kapitel beschrieben. Der Westaufstieg (also aus dem Lisenstal) ist weniger zu empfehlen. Er beginnt direkt an der Straße nach ›Lisens, in dem flachen, weiten Talboden unterhalb von Praxmar, ist gut beschildert.

Längentaler Weißer Kogel, 3217 m

Ausgangshöhe	Aufstieg	Zeit	Hangrichtung
1650 m	1550 m	5 Std.	Nord

Allgemeines: Der beliebteste Skiberg des Westfalenhauses, landschaftlich großartige Tour, der Längentalferner ist relativ spaltenfrei; der Gipfelbereich ist steil und evtl. lawinengefährlich.
Die Route: Vom Gasthof Lisens 15 Min. den Talgrund hinein und ungefähr so, wie der Materialaufzug verläuft, nach Westen ins Längental, am Westfalenhaus unterhalb vorbei (dieses kann nach 20 Min. Aufstieg erreicht werden) und immer im Talgrund weiter auf den Ferner und oben nach Westen auf den Gipfel. Wenn der Schnee nicht zu langsam ist, ist die 8 km lange Abfahrt ins Lisenstal ein großartiges Erlebnis!

Seblaskogel, 3235 m

Ausgangshöhe	Aufstieg	Zeit	Hangrichtung
1650 m	1600 m	5 Std.	Süd und Ost

Auch diese Tour kann man vom Westfalenhaus machen oder (mit 1½ Std. Mehraufwand) von Lisens. Zwei Drittel des Aufstiegs zum Längentaler Weißer Kogel gelten auch für diese Tour; dann jedoch steil nach Westen und die letzten 700 Hm über den steilen Grüne-Tatzen-Ferner hinauf. Die Abfahrt ist besonders bei Firn ein rassiges, alpines Unternehmen!

Links: Skibergsteiger im oberen Drittel des Aufstieges zum Lisenser; die Abfahrt führt in weitem Bogen nach links über den besonnten Lisenser Ferner zu Tal. Rechts: Skifahrer im Aufstieg zum Seblaskogel über den Grüne-Tatzen-Ferner. Diese 700-Hm-Flanke mit Südost-Exposition zählt zu den schönsten Abfahrten in den Stubaiern!

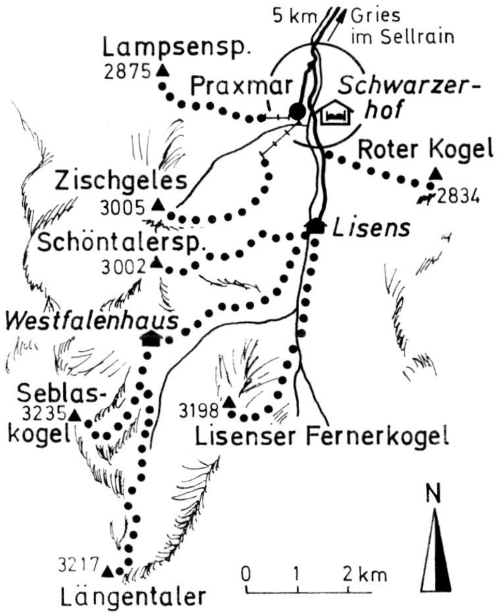

Zwischen Kühtai und Sellrain

Mächtig steht der Lisenser Fernerkogel im Talschluß. Über dem Bach das alte Wirtshaus Lisens. Der steile Aufstieg führt über den hier besonnten Nordhang.

Zwei- und Dreitausender der Innsbrucker Spezialisten

Pension Maximilian-Alm
A-6182 St. Sigmund-Haggen
Tirol, Sellraintal
Leitung: Edeltraut Gruber
Tel. (05236) 235
D: (0043-5236) 235

„Ein Zuhause“

Öffnungs-/Ruhezeiten: Ganzjährig offen
Preiskategorie: III
Anzahl der Skitouren: 6
Lage des Hauses: In 1680 m Höhe, Südhang, bei der östlichen Ortseingangstafel Haggen
Zufahrt: Autobahn Garmisch-Innsbruck oder München-Innsbruck, Ausfahrt Kematen/Tirol, Richtung Sellrain-Gries-St.-Sigmund
Zimmer: 1 Einzelzimmer mit Fließwasser kalt/warm, 6 Doppelzimmer, 3 Dreibettzimmer, 1 Vierbettzimmer, alle mit Dusche, 1 Stockbetten-Kinderzimmer; Etagentoiletten, Zentralheizung
Essen im Haus: Ja, in kleinem Umfang, und Essensmöglichkeit in der Nähe
Frühstückszeit: Nach Vereinbarung
Einkaufsmöglichkeit für Proviant: In Gries/Sellraintal
Parkplatz: Am Haus
Garage: Nein
Schneeketten für Zufahrt: Ratsam
Skiraum: Ja
Anreise mit öffentlichen Verkehrsmitteln: Bahnstation Innsbruck, dann Postbus (im Winter gratis)
Andere Sportmöglichkeiten: 7-km-Langlaufloipe am Haus, alpin Skifahren und Skibobfahren, Eislaufen und Eisstockschießen in nahegelegenen Skiorten
Wer weiß im Haus über Skitouren Bescheid: Die Wirtin vermittelt Auskunft

Blick in die Speisenkarte, Spezialitäten:
Sie brauchen nur mit der Frau Wirtin zu verhandeln – sie ist sehr fürsorglich, und hungrig verläßt niemand das Haus! Das Frühstück ist hervorragend und hält ein paar Tourenstunden gut vor. Die Spezialitäten sind mehr für die Rückkehr von der Skitour gedacht: selbstgebackene Riesenkrapfen, Topfen- und Apfelstrudel. Sie sollten sich darauf bereits am Gipfel freuen!

Aus meinem Notizbuch:
Ich hoffe nur, die Frau Gruber bewirtschaftet dieses Haus noch lange oder der (eventuelle) neue Inhaber wird die gastfreundlichen Gepflogenheiten nicht drastisch einschränken. Man ist hier in wohliger Atmosphäre mit Wohnzimmercharakter. Bei meinem letzten Besuch drückte mir die Wirtin zum Abschied einen backwarmen Krapfen in die Hand mit einem Klacks Aprikosenmarmelade extra darauf. Und einer der gepflegten Hauskater genoß schnurrend auf dem Fensterbankl die Sonnenstrahlen eines Spätherbsttages. Auch das gehört zum Haus!

Weitere Unterkunftsmöglichkeit:
(2 km entfernt) Alpengasthof Zirmbach-Alm, A-6183 Kühtai, Tirol. Leitung: Familie Sitar, Tel. (05239) 286. 12 Zimmer mit 2, 3, 4 und 6 Betten, teilweise mit Duschen, 8 Etagenduschen, 66 Matratzenlager, die nicht beheizt, aber temperiert sind, ansonsten Zentralheizung, Sauna; Keller-Bar und Restaurant mit Spezialitäten aus einem Riesenpfand'l. 1978 erbaut, eigene Landwirtschaft. Zufahrt: Von Haggen in westlicher Richtung nach Kühtai, direkt an der (nachts ruhigen) Straße. Hinweis: Bei Zimmer- oder Lagerreservierung verlangen, „Unterkunft in ruhigem Teil des Hauses“ (da abends Betrieb).

In die nördlichsten Stubaier Berge führen uns diese Tourenvorschläge, auf die Gipfel zwischen Inntal und Sellraintal. Sie erreichen zwar nur die 2900-m-Grenze, aber bei genügend Schnee im Hochwinter nach Norden, ins Inntal abgefahren, ergeben sich über 2200 m Höhendifferenz in einem Zug. Wo gibt es das schon anderswo?
Obwohl dieser Gebirgszug heute ein Mauerblümchendasein führt, lohnt es sich, kurz auf seine touristische Geschichte einzugehen. 1867 wurde die Brennerbahn eröffnet, sie brachte vor allem den zentralen Stubaier Bergen (Zuckerhütl, Habicht) die große Erschließung; aber ab 1884 fuhr die Arlbergbahn von Innsbruck nach Westen, nach Zirl, Telfs und Imst, und deshalb entstanden auch auf dieser Seite die ersten Hütten der Stubaier Berge: die Peter-Anich-Hütte oder die Hochederhütte, 50 Jahre vor der Dortmunder Hütte, die heute das Kühtai erschließt! Und die erste Fahrstraße von Kematen nach Sellrain wurde vor hundert Jahren durch die Alpenvereinssektion Innsbruck mitfinanziert.
Vergessene Berge, aber mit touristischer und auch skifahrerischer Tradition. Neben Sellrain und Praxmar haben wir Haggen als touristischen Stützpunkt gewählt, also die letzten Wirtshäuser auf 1600 oder 1700 m Höhe, bevor man die 2000 m hoch gelegene Hotelsiedlung Kühtai erreicht, einen Ort mit viel Schickeria, wo der Skibergsteiger, der früh aufstehen will und Felle und Rucksack anschnallt, fehl am Platz wirkt.
Fünf Touren mit Südaufstiegen und Südhängen bieten sich nördlich der Straße Haggen-Kühtai an, wobei der Rietzer Grieskogel eine ausgesprochene Modetour geworden ist, während Kreuzjochkogel, Pirchkogel, Hocheder und Seejoch selten begangen werden. Drei höhere und ebenfalls sehr lohnende Ziele bieten sich südlich der Autostraße an: Touren, die auf vergletscherte, aber harmlose Dreitausender führen. So stehen der Sulzkogel und der Zwieselbacher Roßkogel auf der Wunschliste aller Skibergsteiger, während das Tourengebiet rund um die Pforzheimer Hütte (von St. Sigmund drei Std.) mit Gleirscher Fernerkogel und der steilen Vorderen Grubenwand zwei Ski-Superlative bietet.

Rietzer Grieskogel, 2884 m

Ausgangshöhe	Aufstieg	Zeit	Hangrichtung
1900 m	800 m	2½ Std.	Süden

Allgemeines: Dieser Berg ist zur Modetour geworden, am besten zur Pulverschnee- oder Firnzeit, weil der Anstieg zwar kurz und problemlos, aber nicht ganz lawinensicher ist. Die Abfahrt führt wieder zurück zum Auto; bei ausreichender Schneelage kann jedoch auch nach Osten, über die Flaurlinger Alm und weiter hinaus ins Inntal abgefahren werden – eine Riesentour über 2200 Hm!
Die Route: Von Haggen 3 km weiter in Richtung Kühtai (am Gasthof Zirmbachalm vorbei) bis zu einem Gerätehäuschen direkt an der Straße (von rechts kommt der Klammbach herunter). Durch das Klammbachtal verläuft auch der Aufstieg: Von der Straße kurz vor der Brücke steil oder 300 m nach der Brücke flacher über eine Almstraße hinauf, nach 20 Min. an Wasserspeichern vorbei und dann rechts haltend in die Zirmbacher Narrenböden. Hier zieht von links oben eine Felsbarriere herab; über steile Hänge zu ihrem rechten Ende hinauf und dann oberhalb dieser Barriere nach links (Norden), wo ein großes Schneefeld bis auf die Scharte leitet. Der Gipfel wird in 20 Min. zu Fuß erstiegen.

Sulzkogel, 3016 m

Ausgangshöhe	Aufstieg	Zeit	Hangrichtung
1900 m	1100 m	3½ Std.	Nord und Ost

Allgemeines: Ein sehr beliebter Berg, die Route ist häufig zur Piste ausgefahren. Der letzte Südhang bis zur Scharte ist sehr steil, den Gipfel erreicht man zu Fuß.
Die Route: Vom Zentrum Kühtai ca. 500 m die Hauptstraße nach Westen hinab, bis man entweder beim Verkehrsamt die (für den Autoverkehr gesperrte) Straße der Tiroler Wasserkraftwerke nach Süden geht, oder aber man benützt den Lift des Hotels Alpenrose, der 180 Hm des Aufstiegs erspart. Vom Endpunkt des Lifts leicht ansteigend nach Osten, unter die Staumauer und an deren östliches Ende. (Hierher gelangt man auch, ohne den Lift zu benützen, über die erwähnte Fahrstraße.) Über den Stausee oder an seinem linken (östlichen) Ende entlang bis an sein Südende. Jetzt durch steileres Gelände ansteigend bis auf den Gamezkogelferner, diesen hinauf, steil auf die Scharte (Skidepot) und zum Gipfel. Eine großartige alpine Tour mit rassiger Abfahrt.

Kreuzjochkogel, 2750 m

Ausgangshöhe	Aufstieg	Zeit	Hangrichtung
1900 m	850 m	2 Std.	Süden

Allgemeines: Diese Tour ist kürzer und einfacher zu finden als der Rietzer Grieskogel.
Die Route: Wie vorher in das Tal des Klammbaches hinein, aber nicht rechts haltend zu den Zirmbacher Narrenböden, sondern immer in gleicher Richtung bis auf das Kreuzjoch (2556 m) und zu Fuß in 30 Min. auf den Gipfel. Die Abfahrt kann bei sehr guten Verhältnissen direkt vom Gipfel sehr steil nach Nordosten in das Rietzer Loch erfolgen und weiter zum Klammbach.

Pirchkogel, 2828 m

Ausgangshöhe	Aufstieg	Zeit	Hangrichtung
1970 m	850 m	2½ Std.	Süd und Ost

Allgemeines: Eine Tour wie der Rietzer Grieskogel am besten bei Pulverschnee oder Firn, mit kurzen Steilstufen und einem flachen Mittelstück.
Die Route: Direkt vom Ort Kühtai nach Norden zum Kuhköpfl, auf die Stockacher Böden, an den kleinen Seen vorbei und von Osten steil auf den Gipfel. Bei guten Schneeverhältnissen eine schöne Möglichkeit, dem Pisten- und Liftgetriebe von Kühtai zu entgehen!

Zwieselbacher Roßkogel, 3060 m

Ausgangshöhe	Aufstieg	Zeit	Hangrichtung
1650 m	1400 m	4 Std.	Nord

Allgemeines: Eine der schönsten und bekanntesten Touren in Sellrain, aber lang und mit Steilstücken; gute Sicht erforderlich, da der Aufstieg etwas kompliziert ist.
Die Route: Von Haggen (unten beim Wirtshaus Parkplatz) das Tal des Kraspesbaches hinein, den steilen Durchschlupf passieren und hinauf auf die flachen Böden. Dann nach Osten empor, bis man oberhalb der Felsen wieder nach rechts gehen kann. Weiter über den Kraspesferner, in seinem östlichen (linken) Teil empor in die Scharte und von Osten auf den Gipfel. Die Abfahrt hat eine Länge von 7 km und bietet bis in den Mai hinein beste Schneeverhältnisse! Man könnte auch nach Süden zur Neuen Pforzheimer Hütte abfahren (wegen häufig schlechter Schneeverhältnisse nicht zu empfehlen) und hinaus nach St. Sigmund.

Gleirscher Fernerkogel, 3189 m

Ausgangshöhe	Aufstieg	Zeit	Hangrichtung
1500 m	1700 m	6 Std.	Nord

Allgemeines: Ein hochalpines Ziel, bei dem man auch die Neue Pforzheimer Hütte als Zwischenetappe benützen kann.
Die Route: In 2½ Std. von St. Sigmund zur Pforzheimer Hütte. Dann das Gleirschtal weiter nach Süden, auf den Gleirschferner und in seinem rechten Teil empor und schließlich steil zum Gipfel, den man zu Fuß durch eine Rinne erreicht.

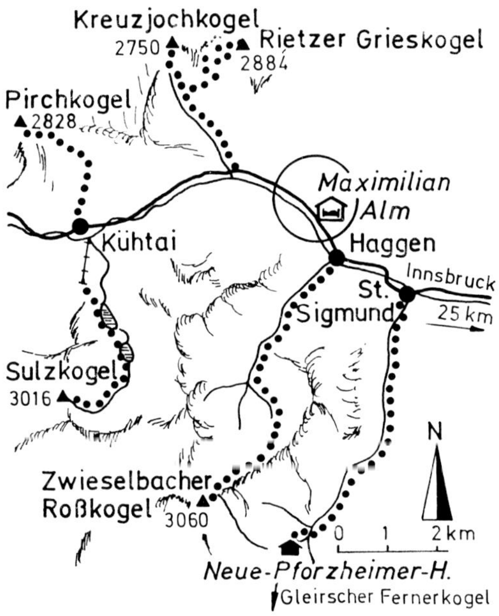

Oben: der Gipfel des Sulzkogels; die Bergsteiger haben ihn von rechts erreicht.
Unten: Aufstieg zum Rietzer Grieskogel; die Bergsteiger steigen die letzten 10 Minuten dieses Weges auf, nach links, auf die Scharte und gehen dann zu Fuß in 20 Minuten auf den abgebildeten Gipfel.

Neun Gletscher-Dreitausender

Das Foto auf der linken Seite zeigt zwei Bergsteiger knapp unterhalb des Gipfels des Sulzkogels. Die letzten Meter werden zu Fuß ohne Skier gemacht.

Hochtouren der Ötztaler Berge aus dem Pitztal

Hotel-Pension-Café
Zirbenhof
A-6481 Mandarfen/Pitztal
Tirol, Ötztaler Alpen
Leitung: Ingeborg Pechtl
Tel. (05413) 8284
D: (0043-5413) 8284

Öffnungs-/Ruhezeiten: Etwa Anfang Mai bis Mitte Juni geschlossen
Preiskategorie: II
Anzahl der Skitouren: 9
Lage des Hauses: In 1680 m Höhe, gegenüber der Talstation der Rifflsee-Sesselbahn, kurz vor dem Talende
Zufahrt: Von Fernpaß oder Innsbruck kommend bis Imst (Umgehungsstraße) Ausfahrt Pitztal, entlang des Tales bis Mandarfen
Zimmer: 48 Betten, alle mit Dusche/Bad/WC; Balkon teilweise; Zentralheizung
Essen im Haus: Ja
Frühstückszeit: Buffet ab 7.00 Uhr; auch früher möglich
Einkaufsmöglichkeit für Proviant: Im Haus
Parkplatz: Am Haus
Garage: Nein
Schneeketten für Zufahrt: In der Regel nicht
Skiraum: Ja
Anreise mit öffentlichen Verkehrsmitteln: Bahnstation Imst/Tirol, dann mit Bus bis Mandarfen vor den Zirbenhof
Andere Sportmöglichkeiten: Langlaufen (Loipe am Haus), alpin Skifahren
Wer weiß im Haus über Skitouren Bescheid: Die Inhaberin, Ingeborg Pechtl

Blick in die Speisenkarte, Spezialitäten:
Am Frühstücksbuffet stehen auch sehr „gesunde" Schälchen mit Haferflocken und allerlei Körnern neben Speck und Käse, Saft und Brotauswahl. Zwei Gerichte kommen als Menüs zur Wahl und eine gut ausgeklügelte Standardkarte mit Salaten, Suppen und kleinen Speisen. Ich habe den Fitness-Salat probiert, eine variantenreiche Sache mit frischen Salaten, Schinken und Ei. Dann vorzügliche Spaghetti al Sugo, zwecks der Kohlehydrate für den nächsten Tourentag. Daß ich meinen Tisch vor der Kuchenvitrine wählte, war mehr instinktiv als vorsichtig. Die „Sacher" war nicht zu übersehen und beim Nachbarn schnabulierte ich noch beim hausgemachten Quark-Kirsch-Kuchen mit. So viele Höhenmeter standen nun auch wieder nicht am Programm für den nächsten Tag, um diese Lust am Essen wieder abzudienen!

Aus meinem Notizbuch:
Dieses gastliche Haus wurde 1978 vom Vater der Inhaberin erbaut und wird von Frau Ingeborg Pechtl allein geführt. Und das gut, mit aufmerksamem Service. Im wohnlich eingerichteten Haus sind eine Sauna und ein Skiverleih, nebenan ein Sportgeschäft.
Der Bruder der Inhaberin, Willi Pechtl, ist Mitautor des Buches „Menschen im Tal", das mit dem Alpenvereinspreis 1986 ausgezeichnet wurde. Das ist eine sehr lesenswerte Einführung in die Geschichte und Familiengeschichte des Pitztales mit akribisch zusammengetragenen Fotografien aus alten Tagen.

Weitere Unterkunftsmöglichkeit:
Bei der Schwester von Frau Pechtl, in der Pension Pechtl, A-6481 Mandarfen. Leitung: Erika Pechtl, Tel. (05413) 8208. 25 Betten, 1 Ferienwohnung, alle mit Dusche/Bad/WC; Zentralheizung. Nur Frühstück.

Das Pitztal, von Imst bis Mittelberg 35 km lang, war jahrhundertelang eines der ärmsten Tiroler Täler. Noch vor hundert Jahren führte lediglich ein Karrenweg hinein. Erst als man in den 60er Jahren sah, wie das benachbarte Ötztal am großen Fremdenrummel teilnahm und reich wurde, schaltete man auch hier auf Erschließung: 1971 wurde die Rifflseebahn gebaut und 1984 die Pitztaler Gletscherbahn eröffnet. Mag man als Bergsteiger auch traurig sein über diese Art der Erschließung – der Bevölkerung hat sie Arbeit gebracht und der Gastronomie bessere Auslastung.
Die Rifflsee-Sesselbahn führt von 1680 bis auf 2300 m Höhe. Sie verkehrt von Anfang Dezember bis Ende April, hat für Pistenfahrer oben zwei weitere Lifts, bietet eine 5-km-Höhenloipe und erschließt ein halbes Dutzend schöner Skitouren. Die Pitztaler Gletscherbahn, „schnellste Schrägstollenbahn der Welt", befördert pro Zug in 7 Minuten 200 Personen bis auf 2860 m. Oben wird eine 10-km-Gletscher-Loipe unterhalten; mehrere Sessel- und Schlepplifts (deren höchster Österreichs auf das 3280 m hohe Mittelbergjoch führt) warten auf Pistenfahrer, dienen aber auch dem Tourengeher. Für ihn speziell wird für rund 25 DM eine „Tourenkarte" ausgegeben, die zur einmaligen Berg- und Talfahrt, sowie zur Benützung des Lifts berechtigt. Damit werden zehn Dreitausender jeweils zu Tagestouren – die Technik macht's möglich, leichter, aber nicht unbedingt schöner!
Wer also viele und berühmte Skidreitausender besteigen will, für den ist das hintere Pitztal der optimale Standpunkt, einer der ergiebigsten und besten dieses Buches! Die Zufahrtsstraße ist inzwischen gut ausgebaut, wenn auch manchmal nur einspurig befahrbar; Hotels, Gasthöfe und Privatpensionen stehen in genügender Anzahl zur Verfügung, und auch die Loipe im Tal von Planggeroß bis Mittelberg (4 km) kann sich sehen lassen. Obwohl viele Hochtouren bei ausreichendem Schnee bereits im Dezember oder Januar zu machen sind, ist die Zeit ab März, aber auch später, bis in den Mai hinein bei Firn die beste für den Skibergsteiger.

Wurmtalerkopf, 3228 m

Ausgangshöhe	Aufstieg	Zeit	Hangrichtung
2300 m	900 m	3½ Std.	Nord und Nordost

Allgemeines: Das ist die am meisten gemachte Tour, einfach zu finden, ohne Lawinen- und Spaltengefahr, jedoch mit weiten Flachstücken, und insbesondere der zweimalige Weg entlang des Rifflsees macht die Tour länger als sie zunächst scheinen mag. Besonders umfassende Aussicht vom Gipfel auf Bernina, Silvretta, Ferwall und Allgäuer Hauptkamm.
Die Route: Von der Liftbergstation 50 Hm zum Rifflsee abfahren, die Felle anschnallen und an seinem rechten (nördlichen) Ende entlang, den flachen Talboden hinein, in mehreren kurzen Aufschwüngen zum Rifflferner und auf das Wurmtaler Joch. Den Gipfel selbst erreicht man von Westen, die letzten 5 Min. zu Fuß. Die Abfahrt ist besonders bei Pulverschnee ein Hochgenuß!

Rostizkogel, 3392 m

Ausgangshöhe	Aufstieg	Zeit	Hangrichtung
2300 m	1100 m	3½ Std.	Ost und Süd

Allgemeines: Eine alpine und interessante Tour, mit steilen Stücken, mit großen Spalten (am Beginn des Gletschers unterhalb des Seekogels) und einem steilen, oft eisigen Gipfelaufbau. Wegen der Südhänge eine Firntour für das Frühjahr.
Die Route: Die erste Stunde verfolgt man den Aufstieg zum Wurmtalerkopf, hält sich aber dann genau nach Norden bis an den Beginn des Nördlichen Löcherferners. Auf diesen steil hinauf, dann flacher nach Westen über den Gletscher und zuletzt auf den Gipfel. Die Abfahrt ist bei guten Schneeverhältnissen eine rassige Prachttour.

Seekarlesschneid, 3208 m

Ausgangshöhe	Aufstieg	Zeit	Hangrichtung
2300 m	900 m	3½ Std.	Ost und Süd

Allgemeines: Ebenso wie der Rostizkogel nur bei Firn zu empfehlen. Steilstufe am Beginn der Tour, oben reizvolle Gratkletterei.

Die Route: Sofort am Ende des Rifflsees nach rechts (Norden), zunächst flach, dann steil hinauf. Es folgt der Aufstieg nach Westen über den flachen Seekarlesferner, bis man leicht auf den langen Westgrat der Seekarlesschneid steigen kann. Hier läßt man die Skier und klettert eine Dreiviertelstunde über festen, schönen Fels auf den Gipfel.

Linker Fernerkogel, 3278 m

Ausgangshöhe	Aufstieg	Zeit	Hangrichtung
2860 m	400 m	2 Std.	Nord

Allgemeines: Eine interessante Route über den spaltenreichen, steilen Karlesferner.
Die Route: Von der Bergstation der Gletscherbahn die gespurte Route in Richtung Braunschweiger Hütte. Man spurt jedoch rechts unterhalb der Hütte vorbei und um den Nordgrat des Linken Fernerkogels herum, auf den Karlesferner, relativ steil an seiner rechten Seite hinauf auf den Gipfel. Rassige Abfahrt – die Hausabfahrt für alle Bergsteiger und Kursteilnehmer auf der Braunschweiger Hütte.

Hinterer Brunnenkogel, 3440 m

Ausgangshöhe	Aufstieg	Zeit	Hangrichtung
2860 m	600 m	1½ Std.	Norden

Noch lohnt es sich, von der Bergstation der Gletscherbahn diesen Gipfel anzugehen (wer will, kann auch den Brunnenkogellift benutzen, auf der Piste die halbe Höhe abfahren und dann zum Hinteren Brunnenkogel hinüberqueren). Die Bahngesellschaft plant jedoch einen Lift auf diesen Gipfel, der dann mit 3440 m für Österreichs Bahnen einen neuen Höhenakzent setzen wird.

Wildspitze, 3770 m

Ausgangshöhe	Aufstieg	Zeit	Hangrichtung
3180 m	750 m	2½ Std.	Nord

Allgemeines: Obwohl Skibergsteiger heute die Bergstation des Lifts Mittelbergjoch I als Ausgangspunkt nehmen, bleibt die Besteigung des höchsten Gipfels von Tirol ein Unternehmen, das gute Sicht, Gletscherausrüstung und (wegen der Höhe) Kondition erfordert. Als Abfahrt nehmen die meisten Bergsteiger auch wieder diese Aufstiegsroute, obwohl die Fahrt über den Taschachferner und vorbei am Taschachhaus nach Mittelberg ein großartiges, hochalpines Erlebnis ist.
Die Route: Am Mittelbergjoch westlich 70 Hm hinab und dann über den Taschachferner nach Südwesten, später nach Osten und zuletzt steil auf den Südgipfel der Wildspitze.

Weißer Kogel, 3409 m

Ausgangshöhe	Aufstieg	Zeit	Hangrichtung
2860 m	350 m	2 Std.	Nord

Man fährt von der Bergstation der Gletscherbahn nach Südosten über die Pisten ab und steigt dann links (östlich) entlang der Begrenzungsfelsen des Linken Fernerkogels und des langen Nordgrats des Weißen Kogels an bis auf die Scharte (3269 m, Skidepot). Es folgt eine Stunde Gratkletterei bis auf den Gipfel (Vorsicht, manchmal befindet sich am Grat eine Wächte!).

Die Abfahrt aus dem Bereich der Gletscherbahn nach Mittelberg ist nur versierten Gruppen zu empfehlen, da der Mittelbergferner in seiner unteren Zunge stark ausgeapert und recht steil ist. Die meisten Skibergsteiger fahren wieder mit der Bahn ins Tal. Skifahrer, die die Abfahrt bei guten Schneeverhältnissen machen wollen, fahren nahe an die Braunschweiger Hütte heran und halten sich möglichst weit rechts an der immer steiler werdenden Gletscherzunge talwärts. Kurz vor ihrem Ende wird nach rechts in die nächste Mulde gequert und diese zu Tal gefahren.

Rofelewand, 3354 m

Ausgangshöhe	Aufstieg	Zeit	Hangrichtung
1400 m	1950 m	5 bis 6 Std.	Ost

Das ist eine der großen Ötztaler Touren, eine Traumabfahrt im Frühjahrsfirn für Könner! Man geht direkt am nördlichen Ortsschild „Piösmes“ nach Westen über eine Brücke und sofort links (Schilder: „Rodelbahn“, „Arzler Alm“). Zunächst die Forststraße zur Arzler Alm, dann durch die

Eine Gruppe im Aufstieg zum Linken Fernerkogel oberhalb der Braunschweiger Hütte – Kursteilnehmer eines DAV-Spaltenbergungs-Lehrganges, die hier angeseilt gehen. Rechts die Mitautorin dieses Buches, Marlene Rösch. Ein Spaltenbergungs- und ein Lawinenkurs sollten zum selbstverständlichen „Rüstzeug" jedes Tourengehers gehören!

„Sümpfe" hinter dem Rappenkopf zum Totenferner und diesen hinauf, bis man durch eine Rinne das Schneefeld unterhalb des Gipfelmassivs erreicht und dann eine Stunde zu Fuß den Gipfel erklettert.

K2, 3253 m

Ausgangshöhe	Aufstieg	Zeit	Hangrichtung
2300 m	950 m	3 Std.	Ost

Allgemeines: Dieser Gipfel, von Einheimischen K2 genannt, ist auf keiner Karte zu finden; er ist der südliche, Luftlinie 500 m entfernte Nachbargipfel des Rostizkogel. Sein Aufstieg ist etwas kürzer, im Gipfelbereich weniger steil und auch die Gletscherspalten sind harmloser als beim Rostizkogel.

Die Route: Wie beim Rostizkogel bis kurz vor den Beginn des Nördlichen Löcherferners, jedoch nicht diesen hinauf, sondern westlich weiter gehen auf den Mittleren Löcherferner, diesen flach hinauf und bis auf den Gipfel mit Skiern.

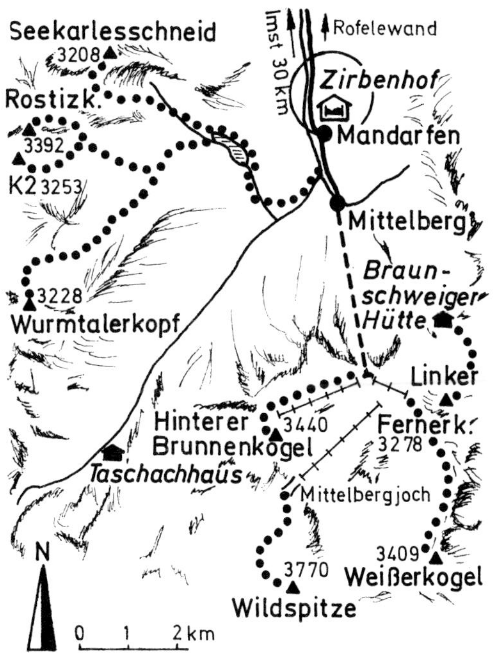

Fünf Ziele westlich des Brenners

Drei Skibergsteiger rasten, blicken auf den Taschachferner und auf den Brochkogel, dessen Nordwand, aber auch dessen Ostgrat (von links) lohnende Eistouren sind.

Das Obernbergtal hat hohe Tiefschnee-Qualitäten

Gasthof Spörr
A-6156 Obernberg
am Brenner
Tirol
Leitung: Familie Mayr
Tel. (05274) 511
D: (0043-5274) 511

Öffnungs-/Ruhezeiten: November bis Mitte Dezember geschlossen
Preiskategorie: II
Anzahl der Skitouren: 5
Lage des Hauses: In 1400 m Höhe, im Ortszentrum
Zufahrt: Brennerbundesstraße oder Brennerautobahn, Ausfahrt Nößlach, 5 km bis Obernberg (hat keinen Durchgangsverkehr)
Zimmer: 70 Betten, alle mit Dusche/WC oder Bad, 2 Ferienwohnungen für je 6 Personen; Zentralheizung
Essen im Haus: Ja
Frühstückszeit: In der Regel ab 7.00 Uhr, auf Wunsch vorbereitetes Frühstück früher
Einkaufsmöglichkeit für Proviant: Neben dem Gasthof ist ein Geschäft
Parkplatz: Am Haus
Garage: Nein
Schneeketten für Zufahrt: Ratsam, Zufahrtsstraße ist jedoch geräumt
Skiraum: Ja
Anreise mit öffentlichen Verkehrsmitteln: Bahnstation Steinach am Brenner, dann öffentlicher Busverkehr bis Obernberg
Andere Sportmöglichkeiten: Übungshang und Skilift beim Haus für alpin Skifahren; Rodeln, Langlaufen und 7-km-Rundkurs (Gratisbus zu den nahegelegenen Skiorten)
Wer weiß im Haus über Skitouren Bescheid: Der Sohn, Ferdinand Mayr

Blick in die Speisenkarte, Spezialitäten:
Die erste Mahlzeit im Hause Spörr ist mit Wurst, Käse, Ei nach Wunsch, Butter und Marmelade reichlich. Täglich gibt es drei Menüs mit je 3 Gängen, auch Diätwünsche für Speisen erfüllt die Küche. Doch als Skitourengeher wird man wohl mehr den deftigen Fleischgerichten zusprechen, wie Innsbrucker Schnitzel mit Käse und Schinken und Gemüse. Oder wie waren die geleisteten Höhenmeter? Ist eine Spörrplatte für zwei Schlemmer oder drei Genießer „drin"? Zu haben ist natürlich auch noch ein Kaiserschmarren. Na ja, zu zweit als Nachspeise, da geht er schon noch! Oder zur Dämmerstunde, nach der Skitour, eine Tiroler Brettljause mit Obstler. Aber auch ein Viertele Südtiroler Roter wird allemal richtig sein.

Aus meinem Notizbuch:
An diesem Gasthof ist alles schön nacheinander gewachsen. Seit 60 Jahren ist er in Familienbesitz. Heute bietet das Haus nicht nur Behaglichkeit in den alten Lärchenholzstuben, sondern komfortable Zimmer mit TV-Anschluß, Sauna mit Solarium und für die wärmeren Zeiten eine große Sonnenterrasse mit Ausblick auf die Bergwelt des Tribulaunmassivs. Man kann dann nach einem Skitourentag faul in die Sonne blinzeln oder sich nochmal aufraffen zu einem kleinen Spaziergang zur Dorfkirche St. Nikolaus, 1760 erbaut auf einem der typischen Moränen-Hügel, die sich durch Erdbewegungen in der Eiszeit bildeten.

Weitere Unterkunftsmöglichkeit:
Gasthof-Pension Waldesruh
A-6156 Obernberg, Leitung: Familie Schmölzer, Tel. (05274) 575. 13 Betten, Dusche, Zentralheizung (ruhig gelegen).

Die Brennerautobahn, jene Schneise für eilige Italienfahrer, erleichtert auch die Zufahrten zu ihren drei westlichen Seitentälern: zum Stubaital (mit seinen Gletscherbahnen ein Begriff für alle Pistenfreunde), zum Gschnitztal (für Skifahrer noch unergiebig) und zum Obernbergtal ganz im Süden, parallel zur Grenze Italiens verlaufend. Ein paar Lifts, etwas Langlauf, aber sehr viel Ursprünglichkeit und Natur, alte Bauernhäuser, uralte Stadel und überall, wohin man blickt, ideale Tiefschneehänge. Die großartige Abschlußkulisse des Obernbergtales im Westen, die Felsdreitausender des Tribulaunstockes, sind für Skibergsteiger tabu. Die sechs Berge nördlich des Tales und die zehn Gipfel seiner Südbegrenzung, die die Freytag-Berndt-Karte 1:50000 WK 241 „Innsbruck-Stubai-Sellrain-Brenner" nennt, können alle bestiegen und genußvoll befahren werden. Übrigens sollte man sich dieses Kartenblatt beschaffen, da es fünf unserer Tourengebiete abdeckt!
In Charakter und Länge ähneln diese Touren jenen in den Kitzbühelern: weite, vielfach baumfreie Hänge in einer Höhenlage von 1400 m (Ausgangshöhe) bis zu 2200 oder 2300 m (nur der Muttenkopf ragt als Ausnahme über 2600 m). Die Lawinengefahr ist vom Gelände her durchwegs gering; sicherer sind die Südhänge (also die Touren, die das Tal im Norden begrenzen). Durch den kostenlosen Skibus unten im Tal lassen sich auch Überschreitungen gut durchführen, wo man weiter westlich oder östlich des Beginns zurückkommt.
Beste Zeit ist Januar oder Anfang Februar, wenn überall noch Pulverschnee liegt. Dann gibt es im Tal auch keine Quartiersorgen, während etwa an Silvester, über die Faschings- oder Ostertage das ganze Tal, das ohnehin nur 300 winterfeste Betten hat, ausgebucht ist. Da die Gäste aber durchwegs Talwanderer oder Pistenfahrer sind, findet man auf den Touren selbst überwiegend Einheimische oder Innsbrukker, die Bescheid wissen und Aufstiegs- und Abfahrtsspuren mit Bedacht anlegen – ein großer Vorteil, wenn man zum ersten Male in dieses schöne Tourengebiet gekommen ist.

Muttenkopf, 2637 m

Ausgangshöhe	Aufstieg	Zeit	Hangrichtung
1400 m	1250 m	3 Std.	Südost

Allgemeines: Der schönste Skiberg im Obernbergtal, allerdings (wegen der Süd- und Osthänge) nicht immer guter Schnee. Der Gipfelaufbau ist steil und lawinengefährdet.
Die Route: Vom OeAV-Jugendheim (1 km westlich des Gasthofs Spörr, noch vor dem Schlepplift) zieht nach Norden (rechts) ein Fahrweg mit weithin sichtbarem Lattenzaun empor. Diesen hinauf und in einer Stunde zur Kastenalm (1743 m). Bald danach hält man sich westlich, gelangt über flache Böden und Mulden ins Muttenjoch (2400 m). Von hier aus steil auf den Ostrücken und in einer halben Stunde auf den Gipfel. Großartige, landschaftlich interessante Abfahrt!

Grubenkopf, 2337 m

Ausgangshöhe	Aufstieg	Zeit	Hangrichtung
1450 m	900 m	2½ Std.	Nord

Allgemeines: Eine besonders schöne, lohnende Pulverschneetour, allerdings mit einigen Flachstücken.
Die Route: Das Gasthaus Waldesruh liegt am Ende der öffentlichen Straße, im westlichen Zipfel des Obernbergtales; gesperrte Schranke, Parkplatz. Hier weisen Schilder nach Süden: zum Obernberger See, zum Sandjoch, zum Hohen Lorenzen. Wir steigen die Fahrstraße zum Obernberger See empor (¾ Std.) und weiter links haltend, ins Grubenjoch (2196 m, nicht zu verwechseln mit dem etwas östlich gelegenen Sandjöchl, 2166 m, aus dem man als lohnende Skitour den Lorenzenberg erreichen kann). Jetzt über oft verblasenes Gelände auf den Gipfel.

Links: ein Wegkreuz im hinteren Obernbergtal mit Blick auf die Tribulaungruppe.
Das rechte Foto gibt den Blick frei auf den Habicht, einen stolzen Dreitausender der Stubaier (mit Skiern nicht zugänglich).
Das Farbfoto der nächsten Seite zeigt die sehenswerte St.-Nikolaus-Kirche in Obernberg.

Rötenspitze, 2481 m

Ausgangshöhe	Aufstieg	Zeit	Hangrichtung
1400 m	1100 m	3 Std.	Südost

Allgemeines: Schöner Skiberg mit idealen Pulverschneehängen!
Die Route: Entweder wie beim Muttenkopf auf die Kastenalm und dann rechts haltend auf das Trunajoch (2153 m) und von Osten auf den Gipfel. Man kann aber auch direkt beim Gemeindeamt Obernberg nach Norden aufsteigen und das Trunajoch erreichen.

Leitnerberg, 2309 m

Ausgangshöhe	Aufstieg	Zeit	Hangrichtung
1400 m	900 m	2½ Std.	Süd

Allgemeines: Angeblich ist der Leitnerberg einer der schönsten Skiberge im Hochwinter. Seine Idealhänge bieten große Pulverschneeabfahrtsfreuden (nur im unteren Teil lichter Wald).
Die Route: Sie beginnt direkt beim Gasthaus Spörr. Entlang eines Materiallifts steigt man die steilen Wiesen nach Norden auf, hält sich dann etwas nach rechts, kann zuerst auf das Leitnerjoch (2163 m) steigen und von dort nach Nordosten auf den Gipfel; man kann ihn aber auch direkt erreichen. Bei der Abfahrt sind wegen des weiten Geländes alle Varianten möglich.

Überschreitung Sattelberg, Kreuzjoch, Lorenzen
Das ist eine landschaftlich sehr schöne Tour, immer auf dem italienischen Grenzkamm entlang, mit Blick ins Eisacktal; skifahrerisch lohnend ist nur die Abfahrt vom Lorenzen bzw. aus dem Sandjöchl nach Norden zum Obernberger See. Man fährt mit den Lifts in Gries an der Brennerstraße auf den Sattelberg (2123 m) und überschreitet dann den genannten Kamm in ca. 4 Stunden. Die Tour kann auch jederzeit durch eine Abfahrt nach Norden abgebrochen werden; der Ski- oder Postbus bringt einen dann wieder zum Quartier oder zum Ausgangspunkt am Lift zurück.

Eggerjoch, 2282 m

Ausgangshöhe	Aufstieg	Zeit	Hangrichtung
1400 m	900 m	2½ Std.	Süd

Allgemeines: Eine Tour, die im Charakter dem Leitnerberg entspricht, die entweder an diesen angehängt werden kann, die aber auch als eigenständige Tour gemacht wird.
Die Route: Beim Gasthaus Tribulaunblick nach Norden, über Wiesen und später Waldhänge auf die freien Südhänge und über das Joch zum Leitnerberg und Eggerjoch auf den Gipfel.
Wenn man die Lifts benützt, die von Steinach auf das Nößlachjoch (2231 m) führen, kann man in einer halben Stunde leichten Aufstiegs ebenfalls das Eggerjoch erreichen. Von hier aus entweder Abfahrt nach Süden ins Obernbergtal oder Übergang (1 Std.) zum Leitnerberg und dann Abfahrt nach Süden. Auch diese Tour läßt sich (wie die gegenüber liegende Überschreitung vom Sattelberg zum Lorenzen) als landschaftlich interessante und wenig anstrengende Rundtour unternehmen, wobei man bei geringer Aufstiegsleistung dann die Abfahrt ins Tal und die Rückfahrt im Skibus nach Gries bzw. 6 km weiter im Norden nach Steinach antreten kann. Damit läßt sich das Obernbergtal im Norden und Süden umrunden – eine Besonderheit, die man ausnützen sollte!

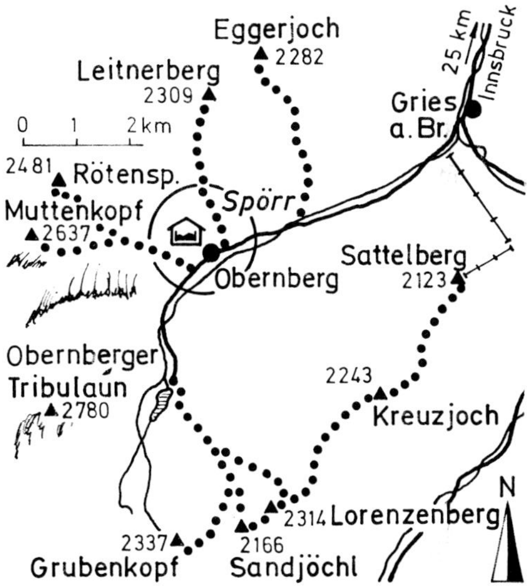

Tuxer Paradegipfel

Aufstieg zum Naviser Kreuzjöchl im Bereich der Griffalm, also etwa 1 Std. unterhalb des hier sichtbaren Gipfels, der von links (Nordosten) erreicht wird.

Navis ist eine Tourenwoche wert

Lattererhof Bauernpension
A-6143 Navis Nr. 7
Tirol, Tuxer Alpen
Leitung: Jörg Norer
Tel. (05278) 212
D: (0043-5278) 212

Öffnungs-/Ruhezeiten: ganzjährig geöffnet
Preiskategorie: III
Anzahl der Skitouren: 6
Lage des Hauses: In 1500 m Höhe an einem Sonnenhang oberhalb Navis
Zufahrt: Brennerautobahn Innsbruck-Bozen, Ausfahrt Matrei am Brenner, dann schmale, geräumte Verbindungsstraße bis Navis und zum Haus
Zimmer: 6 Doppelzimmer (können auch für 3 Personen gerichtet werden), 1 Dreibettzimmer, 4 Vier- bis Fünfbettzimmer, alle beheizt, Duschen, teilweise mit WC
Essen im Haus: Ja
Frühstückszeit: Nach Vereinbarung
Einkaufsmöglichkeit für Proviant: In Navis
Parkplatz: Vor dem Haus
Garage: Nein
Schneeketten für Zufahrt: Ja
Skiraum: Ja (Stall)
Anreise mit öffentlichen Verkehrsmitteln: Bahnstation Matrei am Brenner, dann Linienbus nach Navis
Andere Sportmöglichkeiten: Eine der schönsten Naturrodelbahnen in Tirol, alpin Skifahren, Langlaufen
Wer weiß im Haus über Skitouren Bescheid: Der Wirt vermittelt Auskunft

Blick in die Speisenkarte, Spezialitäten:
Eine Speisenkarte gibt es nicht, aber eine Tafel mit der angeschriebenen deftigen Hausmannskost. Noch besser, der Gast beratscht das Essen mit dem Wirt! Das tut er gerne; die meisten Produkte kommen aus der eigenen Landwirtschaft und geschlachtet wird auch selbst. Gutes Essen hat hier noch den gebührenden Stellenwert im Tagesgeschehen. Das Frühstück ist eben wie in einem Bauernhaus, mit Leberwurst, Bauernbrot, frischer Butter und Eiern; Plastikverpacktes kommt nicht auf den Tisch. Tiroler Fleisch- und Krautgerichte, Kasknödel, Gerstensuppe und Kaiserschmarren gibt es, um nur einiges zu nennen. Ich bestellte mir Speckknödel mit Kraut, die Portion war sehr kräftig und gewürzt, daß das Weißbier nur so hinterherzischte. Ja, eine Bauernpension hat eben ihre eigenen Riten.

Aus meinem Notizbuch:
Seit 1840 war der Lattererhof als Bauernhof bewirtschaftet und erst seit neun Jahren ist er Gasthof. Der Gasthof profitiert natürlich von der urwüchsigen »Vergangenheit«: die »gute Stube« mit alter Holzvertäfelung und tiefen, tiefen Fensternischen und um den Kachelofen eine Instrumentensammlung – nein, nicht nur Zierde für die Fremden, abends wird Musik gemacht mit Harfe, Gitarren, Ziehharmonika und Blasinstrumenten. Und spätestens hier möchte ich den ruhebedürftigen Skitourengehern empfehlen, bei der Zimmerreservierung ein ruhiges Zimmer, eventuell im Nebenhaus zu verlangen, es könnte allerdings auch noch der Gockel ums Haus krähen. Sonst bleibt nur eine Möglichkeit: mitfeiern!

Weitere Unterkunftsmöglichkeit:
(je 15 Betten) die Nachbarn: Liesenhof, Tel. (05278) 295 oder Seapenhof, Tel. (05278) 269 (der Lattererhof vermittelt auch).

Das Navistal zweigt von der Brennerautobahn nach Osten ab, mitten in die Tuxer Skiberge hinein. Und die Tuxer sind fast schon hochalpine Berge: bis nahe auf 2900 m Höhe führen hier die Skitouren, also weit hinaus über die sanften Almregionen bis in felsige Gipfelbereiche, wo Rippen und Grate vom Schnee oft freigeblasen sind und das letzte Stück auf den Gipfel zu Fuß gemacht werden muß. Über allen hier beschriebenen Gipfeln thront der Olperer, fast 3500 m, markantes Fotomotiv in nächster Nähe!
Das Navistal ist das dritte von insgesamt sieben Tälern, die von der Brennerstraße nach Osten abzweigen, aber es ist das schönste von ihnen: von Matrei auf gut ausgebauter Straße zu erreichen, die hoch über dem Navisbach verläuft und nach 7 km endlich den Blick auf die alte barocke Kirche mit dem roten Zwiebelturm freigibt. Die vielen Höfe der schon immer freien Bauern liegen dagegen verstreut an den Hängen des Oberweges, jener zweiten Fahrstraße, die ab der halben Distanz von Matrei oberhalb, parallel zu Hauptstraße und Navisbach verläuft. Dort oben steht auch unser Wirtshaus, und dort oben sind die Ausgangspunkte aller Skitouren, mit Ausnahme der auf das Kreuzjöchl.
Die Tuxer sind ein Gebirge aus Tonschiefer: das bedeutet sanfte Formen, da und dort durch felsige Aufbauten gekrönt (wie z. B. Reckner oder Grünberg). Das bedeutet aber auch lange, sanfte Abfahrten oberhalb der Waldzone, denn diese haben wir (da die Ausgangspunkte für unsere Skitouren alle bei etwa 1400 m liegen) sehr rasch durchschritten. Aber die Abfahrten, die hier empfohlen werden, sind reiner Tiefschneegenuß: die 1000 m hohen Nordhänge vom Kreuzjöchl oder die 1200 m hohen Südhänge von der Sonnenspitze, oder gar die 1400 Hm vom Geier. Navis stellt eigentlich die schöne, gemütliche und besser erschlossene Südseite der Wattener Lizum dar, nur ist die Nordseite bekannter und durch eine Alpenvereinshütte erschlossen, während Navis (noch) weniger bekannt, aber durch die Vielzahl und die Vielseitigkeit seiner Touren und die gemütlichen Gasthäuser mehr zu empfehlen ist.

Kreuzjöchl, 2536 m

Ausgangshöhe	Aufstieg	Zeit	Hangrichtung
1350 m	1200 m	4 Std.	Nord und West

Allgemeines: Schöne, sichere Tour, viel begangen. Bei der Abfahrt in der oberen Hälfte schöne Nordhänge, die in der Regel guten Schnee verheißen.
Die Route: Das Auto läßt man am besten im Zentrum von Navis stehen; dann wandert man den Klammbach aufwärts auf der Fahrstraße (Achtung auf Rodler!) in einer Stunde zur Naviser Hütte (1780 m, OeAV, auch mit Pkw mit Schneeketten erreichbar). Hier rechts haltend steil durch Wald aufwärts, später über freie Hänge bis auf den Westgrat des Kreuzjöchls und über diesen (teilweise schmal und schwierig zu begehen) auf den Gipfel. Die Abfahrt erfolgt sofort vom Gipfel genau nach Norden, in die Untere Knappenkuchl, hinab zum Klammbach und diesen westwärts hinaus, aber man verläßt den Bachgrund und steigt waagrecht rechts haltend zur Unteren Vögeleralm und zur Peeralm (Gasthaus) auf und fährt dann den Rodelweg zurück nach Navis.

Geier, 2857 m

Ausgangshöhe	Aufstieg	Zeit	Hangrichtung
1340 m	1500 m	4 Std.	West

Allgemeines: Der Geier ist einer der schönsten und markantesten Tuxer Skiberge. Die meisten Tourenfahrer begehen ihn zwar von Norden, aus der Wattener Lizum (s. auch Kapitel Wattens), aber auch von Navis ist diese Tour lohnend, wenngleich der Schnee (westseitig!) nicht immer optimal ist.
Die Route: Wie vorher beschrieben vom Ortszentrum über Naviser Hütte auf das Kreuzjöchl (3 Std.). Jetzt begeht man allerdings den Grat nach Osten weiter, bis man nach einer ¾ Std. das Griffjoch erreicht (hierher kann man auch aus der Unteren Knappenkuchl gelangen, wenn man über Peer- und Vögeleralm kommt). Nun wird es alpin: Vom Griffjoch ein steiler Hang, dann über einen steilen Südhang und schließlich meist zu Fuß über den felsigen Südrücken auf den Gipfel des Geier.
Als **Rundtour** empfiehlt sich die nordseitige Prachtabfahrt vom Geier zur Lizumer Hütte, der einstündige Aufstieg zum Klammjoch und die westseitige Abfahrt zum Klammbach und zurück nach Navis. Diese Rundtour dauert insgesamt ca. 8 Std.!

Sonnenspitze, 2620 m

Ausgangshöhe	Aufstieg	Zeit	Hangrichtung
1500 m	1100 m	3 Std.	Süd

Allgemeines: Das untere Viertel des Aufstiegs durch Wald, dann problemlose, weite Hänge.
Die Route: Vom Gasthaus Lattererhof die Straße hinauf bis zur Peeralm; hier nach Norden durch steiles Waldgelände, über Obere Peeralm und Grafmartalm zum Naviser Jöchl und zur Sonnenspitze.

Grünbergspitze, 2790 m

Ausgangshöhe	Aufstieg	Zeit	Hangrichtung
1500 m	1300 m	4 Std.	Süd

Die Route: Vom Gasthaus Lattererhof die Fahrstraße weiter bis zur Peeralm. Etwa 50 Hm oberhalb der Alm quert man auf einem Weg waagrecht nach links (Westen); wo der Weg endet, geht es schräg nach links durch Wald aufwärts in den großen Talkessel (auf der Karte mit »Grünbergalm« bezeichnet) und immer nach Norden weiter bis an die Scharte zwischen Grafmartspitze und Grünberg. Von hier aus nach links (Westen), steil auf den Grat und auf den Gipfel. Wem dieser Teil zu steil ist, der kann leichter die 70 m niedrigere Grafmartspitze ersteigen. Beide Gipfel können mit angeschnallten Skiern erreicht werden.

Mislkopf, 2623 m

Ausgangshöhe	Aufstieg	Zeit	Hangrichtung
1500 m	1100 m	3 Std.	Süd

Allgemeines: Interessante und beliebte Firntour, häufig begangen, eine der schönsten Abfahrten der Tuxer Berge!
Die Route: Von unserem Gasthaus 3 km den Oberweg talauswärts nach Westen fahren bis zum Lieselerhof. Hier beginnt der Aufstieg: steil, teilweise durch Lärchenwald, zur Mislalm und weiter durch mehrere Mulden und schließlich über den Südwestrücken auf den Mislkopf.

Schafseitenspitze, 2602 m

Ausgangshöhe	Aufstieg	Zeit	Hangrichtung
1350 m	1250 m	4 Std.	Nord

Allgemeines: Eine sehr alpine Tour, nur für Könner, wegen der Steilheit nur bei bestem Frühjahrsfirn.
Die Route: Im Zentrum von Navis ca. 2 km dem Weirichbach nach Osten folgen, dann zur Urbelesalm, weiter nach rechts haltend zur Stippleralm. Der folgende Steilhang darf nur bei sicheren Verhältnissen begangen werden, er führt hinauf auf den Nordgrat, der zum Gipfel leitet. Eine großartige, steile Abfahrt bildet den Ausklang unserer Naviser Tourenvorschläge.
Wem das Navistal zuwenig bietet, der kann zurück nach Matrei fahren und die alte Brennerstraße nach Süden benutzen, auf der man 9 km südlich von Matrei St. Jodok erreicht. Von hier aus fährt man entweder 3 bis 4 km ins Schmirntal hinein und besteigt die Ottenspitze oder die Gammerspitze über schöne Nordhänge; oder man fährt ab St. Jodok in das nächste südliche Tal, ins Valsertal und besteigt die Vennspitze von Norden, ebenfalls einen vielbegangenen Innsbrucker Hausberg mit idealen, freien Nordhängen.

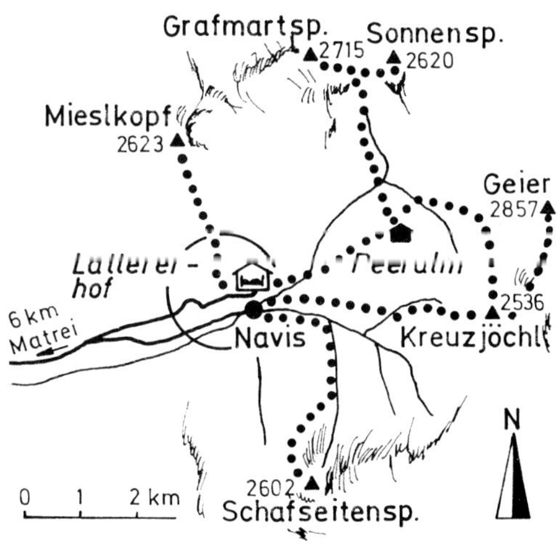

Gipfelrast auf dem Naviser Kreuzjöchl. Im Hintergrund (Mitte) der Olperer mit seinem Hängegletscher, dem Wildlahnerkees.

Wattens wartet auf Gäste

Der Geier ist einer der Hauptgipfel von Wattens. Diese Spur führt auf seinen Gipfel – durch gleichmäßig geneigtes Gelände.

Vom Inntal zu den Tuxer Modetouren

Gasthof Goldener Adler
Innsbrucker Straße 1
A-6112 Wattens
Tirol, Tuxer Alpen
Leitung: Familie Angerer
Tel. (05224) 2255
D: (0043-5224) 2255

Öffnungs-/Ruhezeiten: Mit Ausnahme von zweiter Novemberwoche bis Ende November ganzjährig geöffnet
Preiskategorie: II
Anzahl der Skitouren: 8
Lage des Hauses: In 567 m Höhe in der Ortsmitte von Wattens (nachts wenig Verkehr), gegenüber der St. Laurentiuskirche
Zufahrt: Autobahn Kufstein-Innsbruck, Ausfahrt Wattens
Zimmer: 55 Betten in Einzel-, Doppel- und Dreierzimmern, alle mit Dusche oder Bad/WC; Zentralheizung
Essen im Haus: Ja
Frühstückszeit: Ab 7.00 Uhr
Einkaufsmöglichkeit für Proviant: Im Ort
Parkplatz: Am Haus
Garage: Ja
Schneeketten für Zufahrt: Zum Haus nein, für Tourenzufahrt ja
Skiraum: Ja
Anreise mit öffentlichen Verkehrsmitteln: Bahnstation Fritzens-Wattens
Andere Sportmöglichkeiten: Langlaufen und alpin Skifahren in den nahegelegenen Wintersportorten, Eislaufen, Eisstockschießen, Rodeln, Hallentennis, Kegelbahn im Haus
Wer weiß im Haus über Skitouren Bescheid: Der Wirt vermittelt Auskunft über Skischule Wattens

Blick in die Speisenkarte, Spezialitäten:
Das Frühstück ist, wohl aus Gründen der touristischen Saisonzeiten traditionell und mit „Abgepacktem". Ich konnte jedoch bei einer Brotzeit am Kachelofen in der Zirbenholzstube feststellen, daß eine appetitlich angerichtete Adlerplatte sehr wohl feine Wurstqualität kosten läßt. Das Haus hat eigene Landwirtschaft. In der umfangreichen Karte ist allerhand verzeichnet: Grießgerstelsuppe, Spinatschlutzkrapfen, ein Bauernreindl mit Schweinsmedaillons und Spätzl, gekochter Tafelspitz mit Röstkartoffeln und Brotzeiten für die Einkehr während des ganzen Tages oder dann, wenn so ausgehungerte Skitourengeher mit Durst und „Kohldampf" einfallen, den Stau auf Autostraßen und Grenzübergängen auf angenehmste Weise absitzend.

Aus meinem Notizbuch:
Direkt unter dem Dachgiebel steht die Jahreszahl AD 1664 angeschrieben, darunter ein Erker über zwei Stockwerke und ein altes schmiedeeisernes Wirtshausschild mit dem Namen der Wirtsleute. Im weiträumigen Gang mit drei großen Tischen sitzen die Einheimischen beim „Karteln", die Kiebitze selbstverständlich eifrig um die Kartenspieler. Gleich rechts vom Eingang ist die gemütliche Zirbenholzstube mit einer Ofenbank von unschätzbarem Wert, wenn man mit feuchtkaltem Rücken und kalten Händen die Tourenstrapazen wieder auszubügeln versucht. Gegenüber dem Gasthof steht eine der ältesten Kirchen von Tirol, und Wattens hat ein Heimatmuseum mit vorgeschichtlichen Grabfunden.

Weitere Unterkunftsmöglichkeit:
Hotel Alpenland, Salzburger Straße 6, A-6112 Wattens, Leitung: Familie Grander, Tel. (05224) 2362. 40 Betten mit Dusche/WC; Zentralheizung. Restaurant.

Wattens, 570 m hoch im Inntal gelegen, ist von seiner Lage, Bausubstanz oder Tradition kein gemütliches Tiroler Skidorf. Aber der Skibergsteiger findet in der Umgebung prächtige Touren; der Ort selbst liegt nahe an der Autobahn, ist schnell und einfach zu erreichen – 17 km weiter westlich liegt Innsbruck mit allen seinen kulturellen und touristischen Möglichkeiten –, wenn man zwischendurch einmal Großstadt oder bei schlechtem Wetter Abwechslung will.
Ein halbes Dutzend Gasthöfe in Wattens, einige im 2 km entfernten Volders (manche allerdings erst ab März geöffnet), bieten solide, preisgünstige Unterkunft. Dazu Wanderwege, Naturrodelbahnen, Hallenbad, Hallentennis und Langlauf, entweder auf der Loipe am südlichen Innufer entlang (die aber bei Schneemangel oder im Frühjahr nicht benützbar ist) oder im gegenüber, auf 900 m über Meereshöhe liegenden Gnadenwald. Neuerdings schreibt der Fremdenverkehrsverband Wattens auch eigene Skitouren-Wochenendprogramme sowie Skitourenwochen unter dem Motto „Natürlicher Skilauf" mit Tourenleistungsabzeichen in Gold, Silber und Bronze aus.
Die ausgezeichneten Tourenmöglichkeiten (unter Innsbruckern und Münchnern längst bestens bekannt und von diesen meist als Tagesunternehmungen geschätzt) erstrecken sich über mehrere Täler und Kämme, alle südlich von Wattens und Volders gelegen. Die höchsten und schönsten Skigipfel liegen in der Wattener Lizum, die von Wattens auf schmaler Fahrstraße (12 km bis zum Parkplatz Walchen) und dann mit 1½stündigem Aufstieg zur Lizumer Hütte (deren Wirt Gäste auch mit seinem Jeep hinaufbefördert) erreicht werden kann. Hier allein kann man eine Woche lang Tag für Tag neue Tiefschneefreuden genießen, ebenso im Gebiet der Weidener (oder auch Nafing) Hütte, ein Tal weiter östlich gelegen. Weiter im Westen erschließt das Volderer-Bach-Tal ebenfalls einige großzügige Skitouren, nicht zuletzt das Gebiet des Glungezers, der von Tulfes aus (12 km westlich von Wattens) durch Lifts bis auf 2200 m Höhe erschlossen ist; dann heißt es, 1½ Std. mit Fellen auf den Gipfel gehen.

Largotz, 2214 m

Ausgangshöhe	Aufstieg	Zeit	Hangrichtung
1000 m	1200 m	3 Std.	Nord

Allgemeines: Eine Tour für den Hochwinter, bei Pulverschnee, kaum lawinengefährlich, auch bei schlechtem Wetter oder schlechten Sichtverhältnissen gefahrlos zu unternehmen. Die unteren zwei Drittel verlaufen durch Wald (wobei für die Abfahrt immer wieder größere Schneisen gewählt werden können), das obere Drittel bietet schöne, freie Hänge. Eindrucksvolle Aussicht über das gesamte mittlere Inntal und die Karwendelkette gegenüber.
Die Route: Mit dem Auto sind ab Gasthaus noch 8,5 km in Richtung Großvolderberg zu fahren: am besten zuerst nach Volders, kurz vor oder direkt westlich nach der Kirche verläßt man die Bundesstraße nach Süden und folgt immer den großen, grünweißen Schildern „Großvolderbergstraße". Ab dem letzten großen Bauernhof (Schweighofer) folgt man der Straßenbezeichnung „Largotzalm"; nach 2,5 km, an einer Haarnadelkurve, wo die Straße wieder abwärts führt, Parkmöglichkeit. Nun die Fahrstraße weitere 10 Min. hinauf bis zu den letzten Häusern; gleich danach an der Weggabelung steil durch Wald hinauf, immer der roten Markierung folgend, über die Largotzalm (2040 m) zum Gipfel mit großem Eisenkreuz. Für Aufstieg und Abfahrt kann man auch die Almstraße wählen, die bis zur Largotzalm heraufführt.

Geier, 2854 m

Ausgangshöhe	Aufstieg	Zeit	Hangrichtung
1410 m	1450 m	4 Std.	Nord

Allgemeines: In der Wattener Lizum gibt es mehrere schöne Tiefschneeziele, der Geier sei als bekanntestes herausgegriffen. Leicht zu besteigen sind aber außerdem noch Lizumer Sonnenspitze (2831 m), Reckner (2886 m, oben leichte Felskletterei), Tarntaler Kopf (2757 m) sowie die Mölserscharte und das Klammjoch im Westen. Alle diese Touren sind sowohl im Hochwinter, aber auch im Frühjahrsfirn gut und ohne besondere Schwierigkeiten zu machen. Nach starken Neuschneefällen besteht allerdings überall Lawinengefahr!
Die Route: Mit dem Auto bis Walchen (1410 m), dann entweder zu Fuß (1½ Std.) oder mit dem Taxi (telefonisch bestellen) zur Lizumer Hütte, die ab Mitte Februar bewirtschaftet ist. Nun den ebenen Talgrund hinein, dann rechts über mehrere Steilstufen ansteigend in die Geierscharte (ca. 2700 m). Hier nach rechts (Westen) und über den steilen Schlußhang auf den Gipfel. Besonders schöner Blick auf den nur 10 km entfernten Olperer.

Gilfert, 2506 m

Ausgangshöhe	Aufstieg	Zeit	Hangrichtung
1280 m	1200 m	3½ Std.	Nordwest

Allgemeines: Überaus bekannter und fast immer gespurter Skigipfel.
Die Route: Von Wattens 7 km mit dem Auto die alte Bundesstraße nach Osten, nach Pill; hier in Serpentinen nach Weerberg und weiter zum Gasthaus Innerst am Ende der Autostraße (1280 m, ca. 10 km von Pill). Hier sofort über die steilen Hänge hinauf, zunächst durch Wald, dann rechts haltend über freie Almwiesen zum Gipfel.

Hobarjoch, 2512 m
Wildofen, 2550 m

Zwei Gipfel, die in je 2 Stunden von der Weidener (auch Nafing) Hütte (1799 m) begangen werden können. Zu dieser Hütte, die den ganzen Winter über bewirtschaftet ist, gelangt man von Innerst auf flachem, nur zuletzt ansteigendem Fußweg in knapp 2 Stunden.

Hirzer, 2725 m

Ausgangshöhe	Aufstieg	Zeit	Hangrichtung
1351 m	1370 m	4 Std.	West

Allgemeines: Ein mächtiger Skiberg, im unteren Viertel Waldpassagen, im Gipfelbereich oft verblasen.
Die Route: Man fährt von Wattens 10 km nach Süden, in Richtung Wattener Lizum, parkt aber beim Gasthaus Haneburger (1351 m). Von hier schräg nach Südosten ansteigend, teils durch Waldschneisen, teils durch Hochwald auf das freie Almgelände und schließlich über den breiten Rücken nach Westen auf den Gipfel (die letzten Meter zu Fuß).

Malgrübler, 2749 m

Ausgangshöhe	Aufstieg	Zeit	Hangrichtung
1200 m	1550 m	5 Std.	West

Allgemeines: Wie auch der Hirzer ist der Malgrübler einer der mächtigsten Tuxer Skiberge; beide haben im unteren Bereich eine unangenehme Waldstufe, oben aber freie Westhänge, die (je nach Schneebeschaffenheit) großartige Abfahrtsfreuden bieten können.
Die Route: Von Volders mit dem Auto nach Kleinvolderberg und die Fahrstraße möglichst bis weit in Richtung „Naturfreundehaus Voldertal" benutzen. Dann zu Fuß den Sommerweg westlich des Volderbaches weiter bis zum genannten Haus. Jetzt über den Bach und nach Osten hinauf, teils über Forststraßen, teils durch Wald bis auf die freie Westflanke des Malgrüblers und auf den Gipfel.

Haneburgerspitze, 2596 m

Das ist ein dem Malgrübler nördlich vorgelagerter Gipfel, der sowohl von Westen (aus dem Voldertal) als auch von Osten (vom Wirtshaus Haneburger) bestiegen werden kann. Hier verlangt die teilweise steile und dicht bestandene Waldstufe viel Routine! Oben warten jedoch weite Mulden und schöne Nordosthänge. Den Gipfel selbst erreicht man von Norden.

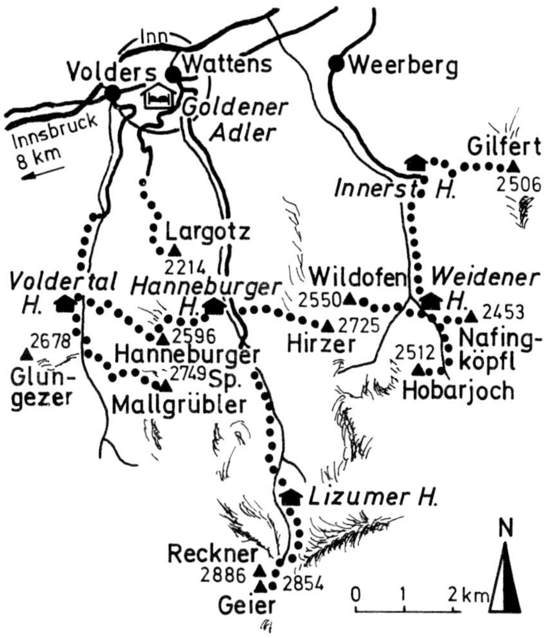

Das Gebirge bietet variantenreiche Wetter- und Schneeverhältnisse. Links Föhnsturm, rechts Idealwetter und Pulverschnee – Skifahrers Traum!

Die Hausberge der Münchner

Der Aufstieg auf den Großen Traithen: eine typische Vorgebirgstour mit vielen Waldpassagen, am schönsten bei Pulverschnee.

Fünf Vorgebirgstouren rund um Bayrischzell

Hotel Gasthof zur Post
Schulstraße 9
D-8163 Bayrischzell
Oberbayern
Leitung: Familie Nopper
Tel. (08023) 226/227

Öffnungs-/Ruhezeiten: Gasthof Dienstag Ruhe. Hotel und Gasthof geschlossen vom 26. Oktober bis 20. Dezember, sowie nach Ostern 14 Tage
Preiskategorie: I
Anzahl der Skitouren: 5
Lage des Hauses: In 800 m Höhe, im Ortszentrum, 4 Minuten vom Bahnhof entfernt
Zufahrt: Autobahn München–Salzburg, Ausfahrt Weyarn oder Irschenberg, dann durch das Leitzachtal; Abzweigung von der Ortsumgehungsstraße Bayrischzell beachten!
Zimmer: 20 Einzelzimmer, 20 Doppelzimmer, 4 Dreibettzimmer, teilweise mit Bad/Dusche/WC; Zentralheizung
Essen im Haus: Ja
Frühstückszeit: Buffet ab 7.30 Uhr, nach Vereinbarung früher möglich
Einkaufsmöglichkeit für Proviant: Im Ort
Parkplatz: Am Haus
Garage: Ja
Schneeketten für Zufahrt: Zum Haus nein, für Tourenzufahrt ratsam
Skiraum: Ja
Anreise mit öffentlichen Verkehrsmitteln: Bahnstation Bayrischzell
Andere Sportmöglichkeiten: 50-km-Langlaufloipe, alpin Skifahren, Rodeln, Eisstockschießen, Schlittschuhlaufen (Natureisbahn), Schwimmen
Wer weiß im Haus über Skitouren Bescheid: Information über Skischule Bayrischzell, Tel. (08023) 791

Blick in die Speisenkarte, Spezialitäten:
Zum Gasthof gehört eine Metzgerei, die Speisenkarte ist entsprechend reichlich. die bayerische Küche dominiert erfreulicherweise in allen Varianten, vom Bayerischen Kümmelbraten bis Saures Kalbslüngerl, ein Hirschgoulasch, Rehschäuferl, Fischspezialitäten mit einem Zanderfilet zum Beispiel oder Gemüse- und Salatgerichte. Für guten Hunger gibt es Menüs, für Süßmäuler Desserts, nur Torten und Kuchen für den Nachmittag führt das Haus nicht, mit Rücksicht auf die drei Cafés des Ortes. Am Nachmittag zwischen 14.00 und 18.00 Uhr helfen die kalten und warmen Gerichte der eigenen Nachmittagskarte gegen den gröbsten Hunger. Ein pikantes Bratenbrot zum Weißbier ist nicht zu verachten oder ein Toast für „zartere" Geschmäcker.

Aus meinem Notizbuch:
Die „Post" ist das älteste Gasthaus in Bayrischzell und seit dem Jahre 1928 im Familienbesitz. Besonders gemütlich ist es im Bräustüberl mit dem Kachelofen und den alten Wirtshausbänken. Dort „hocken" vor allem die Einheimischen beim Wirtshausdiskurs und die Sportler und Wanderer, die hungrig dort einfallen, mischen sich ganz gerne drunter. Und dann wäre noch das Poststüberl zu nennen für ein recht angenehmes Sitzen nach der Skitour.

Weitere Unterkunftsmöglichkeit:
Hotel Restaurant Alpenrose, Schlierseer Straße 6, D-8163 Bayrischzell. Leitung: Gabriele Fleck mit Familie, Tel. (08023) 620. 50 Betten, Zimmer mit Bad/Dusche/WC, komfortabel-behaglich eingerichtet, Balkon, Loggia oder Terrasse.

„Urlaubsdreieck Bayrischzell–Fischbachau–Schliersee" nennt sich unser Gebiet im Prospekt – ein kerniges Stück Oberbayern, Zentrum der Lüftlmalerei an den Bauernhäusern, ein Erholungsland mit insgesamt 125 Hotels und Gasthöfen, mit 50 km präparierten Pisten und 40 Seilbahnen und Lifts für die Brettlrutscher. Dazu Langlaufloipen, Hallenbäder, Eis- und Schlittensportmöglichkeiten und eine Infrastruktur, die keine Wünsche offenläßt.
Bayrischzell hat viel Tradition; der Name stammt von einer Einsiedlerzelle, die hier von frommen Männern bewohnt wurde. Am allgemeinen Tourismusaufschwung nahm der Ort nur zögernd teil. Publicity brachte die Besteigung des Wendelsteins (zu Fuß) durch den bayerischen König Max II. 1858 und auch eine Aufführung des Schlierseer Bauerntheaters vor Kaiser Wilhelm II. in Berlin. Bis heute ist es ein bodenständiger, kleiner, schmucker Ort geblieben.
Grund genug, hier ein paar Tourenvorschläge zu bringen. Freilich sind es Skitouren in der Höhe zwischen 800 und 1800 m, also fast noch in der Waldzone, und ohne die langen, freien Hänge im Hochgebirge. Aber es sind Touren vor den Haustüren der Münchner, rasch zu erreichen, auch bei nicht ganz geeignetem Wetter zu begehen. Die Tourenmöglichkeiten zeigen sich, wenn man die Autobahn München–Salzburg in Weyarn verläßt und nach Süden fährt: Rotwand, Brecherspitze, Wendelstein und Breitenstein stehen am Horizont. Vom Standort Bayrischzell aus muß man dann allerdings jeweils ein paar Kilometer fahren, um zu den einzelnen Ausgangspunkten für die Skitouren zu gelangen. Direkt vor der Haustür kann man jedoch in die Loipen steigen (die im Süden bis nach Tirol und im Norden bis zum 8 km entfernten Schliersee führen). Auch das Pistengebiet am Sudelfeld (18 Bahnanlagen) liegt auf Bayrischzells „oberer Etage" (1100 bis 1500 m). Nicht zu vergessen die rassigen Pisten des Wendelsteins, während man zum Spitzingseegebiet (1100 bis 1800 m) mit seinen 20 Bahnanlagen 10 km mit dem Auto fahren muß.

Trainsjoch, 1707 m

Ausgangshöhe	Aufstieg	Zeit	Hangrichtung
840 m	870 m	2½ Std.	West, Nordwest, Süd

Allgemeines: Ein schöner, abwechslungsreicher Skiberg, überraschend baumfrei (nur die erste halbe Aufstiegsstunde verläuft auf einem Forstweg im Wald). Die Nordhänge im oberen Trockenbachtal sind nicht ganz lawinensicher!
Die Route: Man fährt von Bayrischzell 7 km südlich zur Grenze, passiert diese, parkt sein Auto aber wenige hundert Meter danach auf meist geräumtem Platz, wo das Trockenbachtal von Osten her in das Ursprungstal einmündet. Jetzt begeht man den Almweg bis zu den Trockenbachalmen (1 Std.), danach hält man sich rechts ansteigend an den freien Nordhängen und erreicht die Scharte südlich des Trainsjoches. Ab hier steiler den Südrücken bis auf den Gipfel hinauf. Schöne Aussicht auf das nahe Sonnwendjoch, das Kaisergebirge und die bayerischen Voralpen.

Großer Traithen, 1853 m

Ausgangshöhe	Aufstieg	Zeit	Hangrichtung
1500 m	350 m	1½ Std.	Nord

Allgemeines: Er ist der höchste Gipfel dieser Gruppe, höher als der Wendelstein! Man kann ihn vom Tatzelwurm in 4 Std. erreichen; meist wird er jedoch mit Benutzung der Sudelfeldlifte bestiegen, wobei dann die Abfahrt nach Nordosten, in die Rosengasse, genommen wird, allerdings nur bei lawinensicheren Verhältnissen!
Die Route: Man benutzt die verschiedenen Lifts am Sudelfeld und zuletzt den Traithenkarlift (1500 m). Von hier aus 20 m hinauf auf die Rippe, diese nach rechts hinauf auf den Vogelsang und weiter nach Süden zum Kleinen Traithen und über diesen zum Großen Traithen, ein Weg teils durch Latschen, teils über aperes oder baumbestandenes Gelände, oft im leichten Zickzack und Auf und Ab. Doch keine Angst: Die Abfahrt verläuft dann anders, wenngleich ebenfalls steil und oft zwischen Bäumen hindurch: vom Gipfel nach Osten über den Grat, über das Unterbergerjoch und steil nach Norden zur Talstation Rosengasse. Eine typisch verwickelte, steile, schwierige, waldige Vorgebirgsabfahrt, die sehr sichere Schneeverhältnisse voraussetzt! Mit dem 1260 m langen Rosengasse-Schlepplift zurück zum Oberen Sudelfeld.

Breitenstein, 1622 m

Ausgangshöhe	Aufstieg	Zeit	Hangrichtung
790 m	830 m	2½ Std.	Nord

Allgemeines: Eine abwechslungsreiche Voralpentour: unten und oben freie Hänge, am besten bei Pulverschnee zu befahren, dazwischen eine kurze Waldstrecke. Der Gipfel ist weitläufig; am westlichsten Punkt steht das große Eisenkreuz. Besonders schön ist der Blick in das Voralpenland, der an klaren Tagen die Silhouette Münchens erkennen läßt.
Die Route: Man fährt nach Fischbachau und weitere 1,5 km nördlich bis zum Café Winklstüberl mit großem Parkplatz. Hier beginnt der Aufstieg: über flache Wiesen hinauf in den Wald, die nächste halbe Stunde im Wald weiter asteigend, zur Bucheralm. Hier wird das Gelände frei, aber auch etwas steiler. Man quert leicht ansteigend nach rechts (Westen) und erreicht das Gipfelplateau und von Süden her das Kreuz.

Rotwand, 1885 m

Ausgangshöhe	Aufstieg	Zeit	Hangrichtung
1080 m	800 m	2½ Std.	Nord und West

Allgemeines: Die Rotwand ist der klassische Münchner Skiberg, überaus stark besucht, an schönen Sonntagen von Hunderten von Skitouristen. Das bedeutet meist gute Spur (meist auch ohne Steigfelle zu begehen) und fast pistenmäßig ausgefahrene Hänge, eine Tour für Anfänger, Alleingänger, für zweifelhaftes Wetter. Anspruchsvollere Bergsteiger begehen sie in Varianten: Abfahrt durch die „Rotwandrinne" direkt zur Großtiefentalalm, Aufstieg zum Miesing (1883 m, ½ Stunde zusätzlicher Zeitaufwand) und Abfahrt über dessen Westflanke, oder gar die „große Rotwand-Reib'n" über die vier Gipfel Rotwand–Miesing–Rauhkopf–Jägerkamp.
Die Route: Vom Südende des Spitzingsees (Parkplätze) den Fahrweg zur Valepp, nach dem Schlagbaum links durch den Wald ansteigend bis zum Bergwachthäuschen; kurz danach zweigt man nach rechts ab und erreicht über die Wildfeldalm den Rotwandgipfel schließlich von Süden. Abfahrt am Rotwandhaus (DAV, bewirtschaftet) vorbei zur Auerscheid und über schöne, freie Hänge (rechts von den Felsabstürzen der Ruchenköpfe flankiert) zur

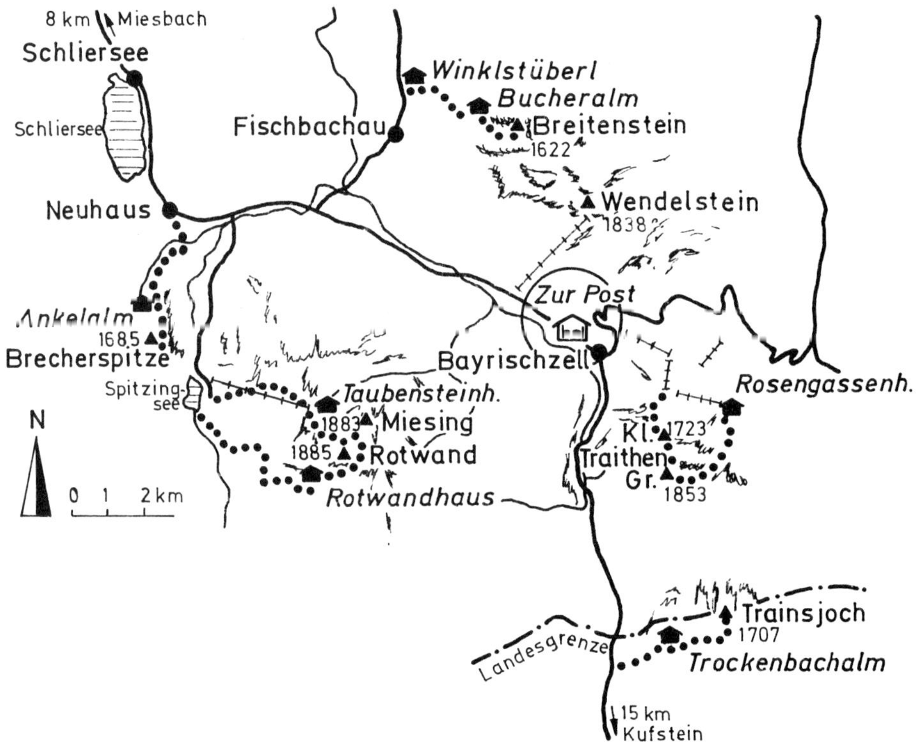

Großtiefentalalm; 30 Min. Gegenaufstieg zum Miesingsattel (oben meist verblasen), jenseits hinab zur Kleintiefentalalm und wiederum 15 Min. ansteigen zum Taubensteinhaus (DAV, bewirtschaftet), wo man die Pisten am Taubenstein erreicht und über Oberen und Unteren Lochgraben zum Spitzingsee abfährt.

Brecherspitze, 1685 m

Ausgangshöhe	Aufstieg	Zeit	Hangrichtung
800 m	885 m	3 Std.	Nord

Allgemeines: Diese Tour wird wenig begangen, führt allerdings in der unteren Hälfte durch Wald, und oben ist der Nordgrat zum Gipfel (je nach Schneelage) unter Umständen nicht einfach zu begehen.
Die Route: Von Neuhaus nach Süden zur Ankelalm. Hier beginnen freie Hänge. Man steigt in mehreren Serpentinen nach Osten auf, erreicht den Grat und über ihn (zunächst einfach, später schwieriger) den Gipfel der Brecherspitze. Eine Tour für Könner, die allein sein wollen!

Die Rotwand-Tour ist die beliebteste Münchner Skifahrt. Hunderte machen sie an jedem Wochenende zwischen Dezember und April. Das Foto entstand wenige Minuten unterhalb des Gipfels: Das Rotwandhaus ist gut zu sehen (ganzjährig bewirtschaftet), dahinter reicht der Blick bis in die Hohen Tauern. Ganz links, in Bildmitte, ist die Einfahrt zur „Rotwandrinne“ (oben sehr steil). Die Wächte muß gelegentlich übersprungen oder auch durchgraben werden, aber nach einigen Schwüngen wird's flacher, und bis hinab ins Tiefental sind es dreißig oder auch achtzig enganeinandergereihte Schwünge!

Hochwinter in der Wildschönau

Bekannte Skiberge der westlichen Kitzbüheler

Almhütten am Aufstieg Lempersberg. Er kann sowohl von unserem Standort Schönangeralm, aber auch aus dem Alpbachtal erstiegen werden.
Das Foto auf der übernächsten Seite zeigt Idealhänge am Joel, dem übernächsten Nachbarn des Lempersberges.

Alpengasthof
Schönangeralm
A-6313 Auffach Nr. 205
Tirol, Wildschönau
Leitung:
Theresia Margreiter
Tel. (05339) 8944
D: (0043-5339) 8944

Öffnungs-/Ruhezeiten: Ganzjährig offen
Preiskategorie: III
Anzahl der Skitouren: 6
Lage des Hauses: In 1180 m Höhe, nahe dem Talende, auf einer weiten Almbodenfläche
Zufahrt: Autobahn Kufstein–Innsbruck, Ausfahrt Wörgl/Tirol, dann Richtung Wildschönau, bis Auffach, von dort schmale, geräumte Straße 6 km (teilweise geteert)
Zimmer: 1 Lagerzimmer mit 13 Betten, 1 Lagerzimmer mit 4 Betten, beide mit Elektro-Öfen beheizt, Etagendusche/WC
Essen im Haus: Ja
Frühstückszeit: Nach Vereinbarung
Einkaufsmöglichkeit für Proviant: In Auffach
Parkplatz: Am Haus
Garage: Nein
Schneeketten für Zufahrt: Ja
Skiraum: Ja
Anreise mit öffentlichen Verkehrsmitteln: Bahnstation Wörgl/Tirol, Postbus bis Auffach, dann Taxi (ca. 6 km)
Andere Sportmöglichkeiten: 9,5 km Rundloipe am Haus, alpin Skifahren in den nahegelegenen Skiorten
Wer weiß im Haus über Skitouren Bescheid: Der Sohn, Hans Peter Margreiter

Blick in die Speisenkarte, Spezialitäten:
Mit dem Frühstück ist man hier nicht kleinlich: Butter, Marmelade, Käse, Wurst und Schinken zum Start in den Tourentag. Aber auch für den „Mordshunger" nach der Rückkehr ist gesorgt, die Familie Margreiter hat nämlich eine große Jagd, so daß es eine Auswahl an Wildgerichten gibt. Die stets frisch gefangenen Teichforellen (Regenbogenforellen) kommen garantiert aus Gebirgswasser (ohne Futterzusätze).

Aus meinem Notizbuch:
Im Sommer ist hier auf der weiten Fläche Almwirtschaft. Im Winter führt nicht nur die Langlaufloipe ums Haus, es ist sozusagen ein Knotenpunkt für Skitourengeher. Den letzten Schwung vom Steilhang herab, den setzt man vor die Sonnenterrasse oder Almtüre, und schon ist man der Versorgung näher!
Das Haus gehört der Alminteressenschaft Schönanger, es wurde vor 16 Jahren erbaut. Die Wirtsleute sind aus Niederau und widmen sich sehr gesellig den Gästen. Der große Gastraum hat eine Holzbalkendecke aus einem abgerissenen alten Stadel. Aber im Frühjahr, draußen auf der Terrasse, rundherum Skitouren im Visier, das ist schon ein besonderes Plätzchen.

Weitere Unterkunftsmöglichkeit:
Einer der Söhne der Wirtsleute hat in A-6313 Auffach Nr. 39 die Pension Wieshof. Leitung: Herbert Margreiter, Tel. (05339) 2179. 50 Betten, Etagenduschen, Zentralheizung.

Hinweis:
Die Zimmerbeschaffung ist in der Wildschönau wegen der Festbuchungen von größeren Gruppen (z. B. Schulklassen) besonders schwierig. Notfalls: Fremdenverkehrsverband Wildschönau, Tel. (05339) 8980.

Die Wildschönau ist ein Begriff für hervorragende Wintersportmöglichkeiten in den westlichen Kitzbüheler Bergen. Die Straße ist inzwischen gut ausgebaut; die sechs Kehren gleich oberhalb von Wörgl oder auch der 14% steile Berg bei Mühltal erfordern manchmal Ketten, aber die Gemeinden tun alles, um die Zufahrt gut passierbar zu halten. Das Tal hat Tradition: Hier wurde 1947 der erste Sessellift Österreichs auf das Markbachjoch gebaut. Heute nennt der Prospekt über die Wildschönau 1 Gondelbahn, 2 Sesselbahnen, 31 Schlepplifte, 40 km Skiabfahrten, 30 km Langlaufloipen, Skischule, Skikindergarten, geräumte Wanderwege, Rodeln, Pferdeschlitten, Reiten, Nachtskilauf und kostenlosen Busverkehr zwischen den Orten. Alle Skihänge gelten als besonders schneesicher.
Da die 800 bis 1100 m hoch gelegene Wildschönau lange Skitradition hat, ist es nicht ganz einfach, kurzfristig Quartier zu finden, zumal seit Jahrzehnten viele Häuser durch Schulklassen aus dem Münchner Raum belegt sind.
Die Skitourenmöglichkeiten in der Wildschönau sind überaus vielseitig und zahlreich. Nachdem wegen Erschließung durch Bergbahnen Schatzberg (im Westen) und Roßkopf (im Osten, beim Markbachjoch) wegfallen, bleiben noch immer zwölf Gipfel, alle zwischen 1900 und 2300 m hoch, mit ihren zwei oder drei verschiedenen Flanken (oder Karen), was – alles in allem – gut 30 verschiedenen Skitouren über ideal geneigte Tiefschneehänge entspricht. – Freilich ist keine Garantie gegeben, daß diese Hänge jungfräulich und ungespurt sind, denn auch die Zahl der Tourenfahrer ist groß und wächst von Jahr zu Jahr.
Beste Zeit ist der Hochwinter, die Pulverschneezeit. Aber auch das Frühjahr bietet rassige Firnabfahrten, insbesondere an den höheren Gipfeln (Sonnenjoch, Großes Beil, Lempersberg über die Tredl-Alm).

Großes Beil, 2309 m

Ausgangshöhe	Aufstieg	Zeit	Hangrichtung
1180 m	1130 m	4 Std.	Nord, Ost, Süd

Allgemeines: Ein häufig begangener Skiberg, dessen mächtiger flacher Gipfel den Talschluß der Wildschönau beherrscht, mit Skiern über seine weiten Südosthänge leicht zu erreichen. Nicht zu empfehlen bei geringer oder sehr hoher Schneelage.
Die Route: Von der Schönangeralm zunächst flach in das Tal hinein zur Kundlalm und in den Talschluß. In seiner rechten hinteren Ecke schräg nach links hinauf in den Wald, hier steil hinauf und auf den folgenden freien Hängen nach Westen zur Gressensteinalm. Jetzt hat man die große Südflanke des Großen Beils erreicht, über die man zum Gipfel aufsteigt.
Für die Abfahrt (um die steile Waldstufe zu vermeiden) hält man sich nach der Gressensteinalm zum Siedeljoch und steigt in 30 Min. zum Hengstkogel auf.

Sonnenjoch, 2287 m

Ausgangshöhe	Aufstieg	Zeit	Hangrichtung
1180 m	1110 m	4 Std.	Nord

Allgemeines: Das ist der südlichste Gipfel der Wildschönau, weniger besucht und bekannt und bei der Anfahrt zunächst nicht sichtbar. Seine Hänge sind aber wunderschön und weitläufig und lassen genügend Raum für Traumspuren.
Die Route: Der Aufstieg verläuft wie beim Großen Beil bis zur Gressensteinalm. Die folgende Steilstufe wird durch ansteigendes Queren von links nach rechts überwunden; oben kann dann das breite Kar bis zum breiten Gipfel beliebig begangen werden. Die Abfahrt erfolgt ebenso, soll aber wie bei der vorausgehenden Beschreibung über den Hengstkogel gehen.

Feldalpenhorn, 1920 m

Ausgangshöhe	Aufstieg	Zeit	Hangrichtung
950 m	970 m	2½ Std.	Nordwest

Allgemeines: Das Feldalpenhorn ist einer der leichtesten, lawinensicheren Skiberge in den Kitzbüheler Alpen und wie auch die nächsten drei Touren schon bei geringer Schneehöhe zu machen. Beste Zeit: Januar. Das Feldalpenhorn ist auch sehr stark begangen und befahren, also gut auch bei schlechtem Wetter oder für Anfänger.
Die Route: Zwischen Auffach und Schönangeralm zum Buswendeplatz Schwarzenau. Hier weisen mehrere Wegschilder nach links, eines davon lautet auch „Feldalphorn". Man kann aber auch noch 500 m die Straße weiter taleinwärts fahren, bis von links ein Bach unter der Straße hindurchfließt. Sofort nach der Brücke legt man seine Spur links aufwärts (nach 5 Min. wird ein Bauernhof passiert, hier rechts auf der Rippe weiter). Jetzt geht es über Wiesen hinauf, an den Wald heran, der nach links ansteigend auf einem Fahrweg gequert wird zur Prädastenalm (1½ Std.). Nach links haltend weiter über freie Hänge und zuletzt über den breiten Rücken von Westen auf den Gipfel.

Schwaiberghorn, 1980 m

Ausgangshöhe	Aufstieg	Zeit	Hangrichtung
1030 m	930 m	2½ Std.	Nordwest

Allgemeines: Ein ebenfalls sehr schöner, beliebter und viel begangener Skiberg, dem man sowohl über den Nordgrat vom Feldalpenhorn, als auch von Osten (aus der Kelchsau, wie auch das Feldalpenhorn) oder (hier beschrieben) aus der Schwarzenau erreicht.
Die Route: Vom Buswendeplatz Schwarzenau 1,5 km weiter taleinwärts, bis ein Fahrweg zur Jausenstation Höllgraben abzweigt. Von hier aus schräg nach rechts hinauf und sehr steil zur Koberalm. Es folgen freie Hänge (teilweise steil) und Mulden bis zum Gipfel.

Breitegg, 1985 m

Ausgangshöhe	Aufstieg	Zeit	Hangrichtung
1180 m	800 m	2 Std.	Westen

Allgemeines: Ein südlicher Vorgipfel des Schwaiberghorns (mit diesem durch einen scharfen Grat verbunden), aber durchaus eine selbständige und sehr lohnende lawinensichere Tour mit nur kurzer Waldpassage.
Die Route: Man beginnt direkt an der Schönangeralm mit dem Aufstieg, hinüber zu den fünf Almhütten, die 200 m weiter westlich stehen. Von hier aus den großen Westhang ansteigend queren bis hinein in die Waldzone, durch diese hindurch und über freies, welliges Gelände (oben oft abgeblasen) auf den Gipfel.

Lempersberg, 2202 m

Ausgangshöhe	Aufstieg	Zeit	Hangrichtung
930 m	1270 m	4 Std.	Nordosten

Allgemeines: Einer der bekanntesten Kitzbüheler Skiberge, sehr lohnende, aber alpine Tour, gute Sichtverhältnisse, besonders im oberen Drittel notwendig.
Auf den Lempersberg gibt es mehrere Aufstiegs- und Abfahrtsmöglichkeiten, die je nach Können und Schneelage zu wählen sind.
Die Route: Man beginnt den Aufstieg entweder in Schwarzenau, wo man 100 m vor dem Buswendeplatz nach rechts auf kleiner Brücke die Ache überquert und über flaches Gelände genau nach Süden geht bis zur Hönigkaseralm (1 Std.). Man kann auch von der Schönangeralm beginnen, indem man die Straße 400 m nach Norden geht und dann eine Almstraße schräg nach links aufwärts verfolgt, die ebenfalls zur Hönigkaseralm führt. Von hier aus in gleicher Richtung weiter zur Baumgartenalm, die erst im letzten Moment in einem Kessel sichtbar wird. Hier steil empor (steilstes Stück!) in die breite Mulde, diese aber nach rechts queren und den Gipfel des Lempersberges von rechts angehen.

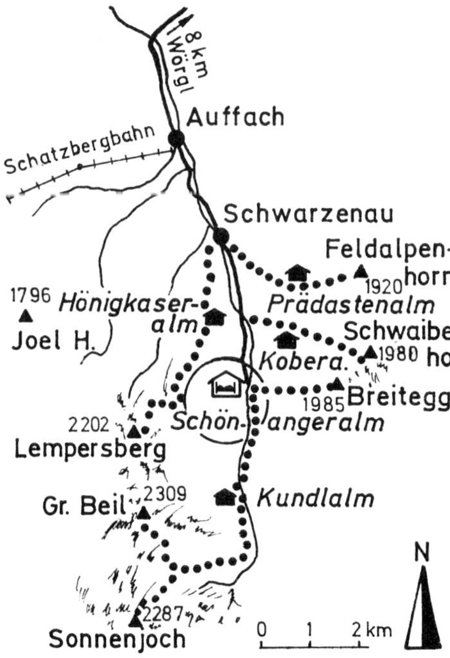

Große Touren am Rande der Zillertaler

Im Aufstieg zur Wildkarspitze hat man diesen schönen Blick auf die gegenüberliegende Reichenspitzgruppe. Im linken Bilddrittel der Riesengletscherhang, die „Glatze" des Gabler, der ebenfalls befahren werden kann und hier kurz beschrieben wird.

Gipfel rund um Gerlos

Gasthof Kühle Rast
A-6281 Gerlos 95
Tirol, Zillertaler Alpen
Leitung: Familie Max Egger
Tel. (05284) 5201
D: (0043-5284) 5201

„Tourenfahrers Refugium"

Öffnungs-/Ruhezeiten: Ganzjährig geöffnet
Preiskategorie: III
Anzahl der Skitouren: 5
Lage des Hauses: In 1200 m Höhe, an der Gerlospaßstraße (nachts wenig befahren), 5 km westlich vom Ortszentrum Gerlos
Zufahrt: Über die Gerlospaßstraße zwischen Zell am Ziller (Zillertal) und Krimml/Mittersill
Zimmer: 50 Betten in Ein-, Zwei-, Drei- und Vierbettzimmern, nur Etagendusche; Zentralheizung
Essen im Haus: Ja
Frühstückszeit: Nach Vereinbarung
Einkaufsmöglichkeit für Proviant: In Gerlos/Gmünd, 1 km entfernt
Parkplatz: Am Haus
Garage: Nein
Schneeketten für Zufahrt: Ja
Skiraum: Ja
Anreise mit öffentlichen Verkehrsmitteln: Bahnstation Zell am Ziller (Zillertal), dann Postbus bis zum Gasthof
Andere Sportmöglichkeiten: Langlaufen (Loipe am Haus), alpin Skifahren, Rodeln, Eisstockschießen, Eislaufen im nahegelegenen Skizentrum
Wer weiß im Haus über Skitouren Bescheid: Der Bruder des Wirts, Raimund Egger
Blick in die Speisenkarte, Spezialitäten: Das Frühstück ist einfach, mit der Zugabe von abgepacktem Käse oder Leberwurst; die Fleisch-, Wild- und Fischspeisen sind traditionell, außerdem vier Menüs. Bei den Nachspeisen wird's hausgemacht, Apfel- und Topfenstrudel mit knuspriger Teighülle und saftiger Füllung.

Aus meinem Notizbuch:
Das dunkelbraun geschindelte Holzhaus besteht seit 1908 und ist auch seither im Familienbesitz. Die Bilder der Ahnen hängen in der holzgetäfelten Stube. Der Großvater des Wirts, Johann Egger, hat sogar eine Kapelle zum Haus erbaut. In der jetzigen Generation erstand 1970 ein Gästehaus auf der Rückseite des Stammhauses. Skitourengeher schätzen die „Kühle Rast" seit vielen, vielen Jahren als ihren Stützpunkt für das Gerlosgebiet, und das ist gut verständlich: Das Haus bietet zwar keinen großen Komfort, aber jene ursprüngliche Gemütlichkeit und Zurückgezogenheit von der Turbulenz und Betriebsamkeit des Zentrums von Gerlos. Außerdem den Vorteil, vom Haus weg in die Spur zu steigen, ohne weiten Anmarsch oder Verkehrsmittelbenutzung. Und noch höher schätzt man solch eine Unterkunft, wenn es einem ergeht wie mir in Gerlos bei der Suche nach einer Bleibe. In einem Gasthof fragte mich die Dame an der Rezeption ziemlich forsch: „Skitourengeher, sind das solche, die nur ein oder zwei Nächte bleiben?" Alles weitere blieb mir im Halse stecken, ich zog mich nach einer prächtigen Skitour zum Seespitzl auf die alte Veranda der „Kühlen Rast" zurück, gab mich dem Topfenstrudel hin, ließ mir die Sonne auf den Pelz brennen und erfreute mich der 5 km Entfernung zu Komfort und Highlife.

Weitere Unterkunftsmöglichkeit:
(Nachbarhaus) Frühstückspension Waldfrieden, A-6281 Gerlos 96, Leitung: Antonia Egger, Tel. (05284) 5247. 30 Betten, Etagendusche; Z-Heizung. Kein Essen.

Gerlos bemüht sich, ein mondäner Skiort zu sein. 25 Lifts befördern stündlich 20000 Personen. Die Pisten sind gut gepflegt, breit, leicht bis langweilig. „Autobahn für Holländer" könnte man sagen, denn zwei Drittel der Autos tragen hier die gelbschwarzen Schilder. Langlaufloipen mit 20 km Länge gibt es, eine 2 km lange Rodelbahn, dazu Nacht-Parallel-Slalom, Pferdeschlittenfahrten, Fackelrodeln, Heimatabende. Die 750 Einwohner des Ortes tun ihr Bestes, um die Fremden auf Trab zu halten. Der Tourengeher findet sich hier deplaziert; noch dazu, wenn er dann am Ißkogellift, den er für die Besteigung des Kreuzjoches (des höchsten Gipfels der Kitzbüheler Alpen) benützen will, zu hören bekommt: „Seid's froh, wenn wir überhaupt noch Einzelkarten verkaufen. Sonst gibt es bei uns nur Skipässe!"
Trotzdem ist Gerlos (1250 m hoch gelegen) Zentrum und Ausgangspunkt interessanter Touren. Aber hier für einige Nächte Quartier zu finden, wird weder in den aufgedonnerten Alpen-Hotels noch privat möglich sein. Wir wählen daher das Gasthaus „Kühle Rast", gegenüber dem lauten Ort Gerlos eine reine Idylle und die richtige Bergsteigerunterkunft.
Die Skitouren wird man sich hier je nach Schneelage, Jahreszeit und Kondition heraussuchen: entweder die Südhänge von Ißkogel, Kreuzjoch, Katzenkopf, Salzachgeier, Torhelm oder die Nordflanken von Seespitzl oder Torhelm (es gibt zwei Gipfel dieses Namens!), oder die Gletschertouren auf Wildkarspitze oder Gabler. Aber auch Rundtouren sind möglich: mit der Gerlossteinbahn hinauf und zur „Kühlen Rast" abfahren, oder vom Kreuzjoch nach Norden und dann nach Westen und hinaus nach Summerberg. Für jeden etwas, eine Vielzahl von Möglichkeiten, wie sie sonst in diesem Buch kaum geboten werden. Die Touren rund um Gerlos sind auf drei verschiedene Gebirgsgruppen verteilt: im Norden liegen die Kitzbüheler Berge, die Touren im Süden gehören den Zillertaler Alpen und im Südosten der Reichenspitzgruppe – alles Gebiete, die in Bergsteigerohren einen guten Klang haben und halten, was sie versprechen.

Seespitzl, 2350 m

Ausgangshöhe	Aufstieg	Zeit	Hangrichtung
1050 m	1200 m	3 Std.	Ost und Nord

Allgemeines: Wir beginnen mit der schönsten Tour dieses Gebietes: Hänge jeder gewünschten Neigung, ideale Routenführung, leicht zu finden, großartige alpine Szenerie, allerdings auch stark begangen, aber mit vielen Varianten für die Abfahrt.
Die Route: Von der „Kühlen Rast" 5 Min. die Forststraße nach Süden, bis der Wald zu Ende ist. Hier rechts haltend den großen, steilen Hang hinauf zur Weißbachlalm und weiter zum Weißbachl-Mittelleger (bis hierher kann man seine Spur auch flach auf der Fahrstraße ziehen). Jetzt (nach 1½ Std. Aufstieg) nach Westen, entweder auf den Rücken und zum Torhelm oder im Tälchen kurz davor hinauf und später nach links zum Grat und auf den kleinen Gipfel des Seespitzls. Herrliche Aussicht nach Süden und Westen, auf die Zillertaler Hauptgipfel, die Stubaier und Tuxer Berge. Abfahrt ebenso.

Wildkarspitze, 3076 m

Ausgangshöhe	Aufstieg	Zeit	Hangrichtung
1424 m	1650 m	5 Std.	Nord

Allgemeines: Das Problem ist der Zugang. Man kann die Wildkarspitze vom Hotel Gerlosplatte (1687 m) mit Liftbenutzung machen und dann die fast 3 km lange Querung ins Wildkar auf sich nehmen. Wir wählen jedoch den Weg aus der Finkau. Das Wildkar selbst ist eine ideale Mai-Firnfahrt und der Gipfel immerhin ein bekannter Skidreitausender!
Die Route: Mit dem Auto zum Gerlospaß hinauf und direkt an der Mautstelle nach Süden abzweigen, an der Ostseite des großen Speichersees entlang zum Wirtshaus Finkau. Ab hier zu Fuß weiter, ca. 10 Min. die Fahrstraße in Richtung Zittauer Hütte, dann steil auf dem Fußweg nach Osten hinauf, durch Wald, an der Wildkar-Hochalm vorbei und ins Wildkar. Dieses wird über den Gletscher (Wildkarkees) begangen; man spurt unter dem Gipfelmassiv nach links zum Nordostgrat und geht die letzten 20 Min. zu Fuß in leichter Kletterei auf den Gipfel. Die Abfahrt bei Firn zählt zu den ganz großen Frühjahrserlebnissen!

Kreuzjoch, 2559 m

Ausgangshöhe	Aufstieg	Zeit	Hangrichtung
2050 m	1000 m	3 Std.	Süd, Ost, Nord

Allgemeines: Der Schönheitsfehler dieser Tour zum höchsten Gipfel der Kitzbüheler Berge liegt im zweimaligen Gegenanstieg: man muß nämlich vom Ißkogel hinunter zur Krimmlalm und dann bei der Abfahrt, auch wieder von der Krimmlalm zum Ißkogel aufsteigen. Das gibt dieser Tour eine Gesamtlänge von 6 Std.! Sie führt jedoch über Idealhänge und ist landschaftlich sehr schön.
Die Route: Von Gerlos mit dem Ißkogel-Doppelsessellift und anschließend mit den beiden Schleppliften hinauf, dann in ¾ Std. auf den Ißkogel. Dessen Nordwestgrat leicht abfahrend 15 Min. weiter, erst dann schräg nach rechts (Norden) zu den Almböden der Krimmlalm abfahren. Von dort nach Nordwesten weiter, durch eine enge Klamm hinauf, dann über welliges Gelände, weite Böden nach Westen und in großem Linksbogen entweder östlich oder westlich des Gipfels auf den Grat und mit Skiern auf den Gipfel. Als Abfahrten bieten sich je nach Schneequalität mehrere Möglichkeiten, am sichersten aber entlang der Aufstiegsspur mit Gegenanstieg (¾ Std.) zum Ißkogel und auf Pisten hinunter zur Talstation der Seilbahn.
Rifflerkogel, Katzenkopf und **Torhelm,** alle um 2500 m, bieten von der Krimmlalm aus jeweils einstündige Aufstiege über schöne Süd- bzw. Osthänge.
Roller, 1949 m
Kurze 2 Aufstiegsstunden dauernde Tour von Gmünd aus (auf halber Strecke zwischen „Kühler Rast" und Gerlos). Der Aufstieg beginnt in Gmünd an der Straßenbrücke über den Gerlosbach. Man geht zunächst auf der Almstraße nach Süden, ins Wimmertal. Das untere Stück des Aufstieges verläuft durch Wald, dann wird das Gelände frei, man erreicht das Mitterjoch und dann den Roller, einen Vorgipfel des Schafkogels. Eine kurze Tour zum Eingehen oder bei unsicherem Wetter.

Gabler, 3260 m

Ausgangshöhe	Aufstieg	Zeit	Hangrichtung
1424 m	1800 m	5 Std.	Nord

Allgemeines: Das ist eine Riesentour, einer der alpinistischen Höhepunkte dieses Buches. Nur von erfahrenen und kondi-

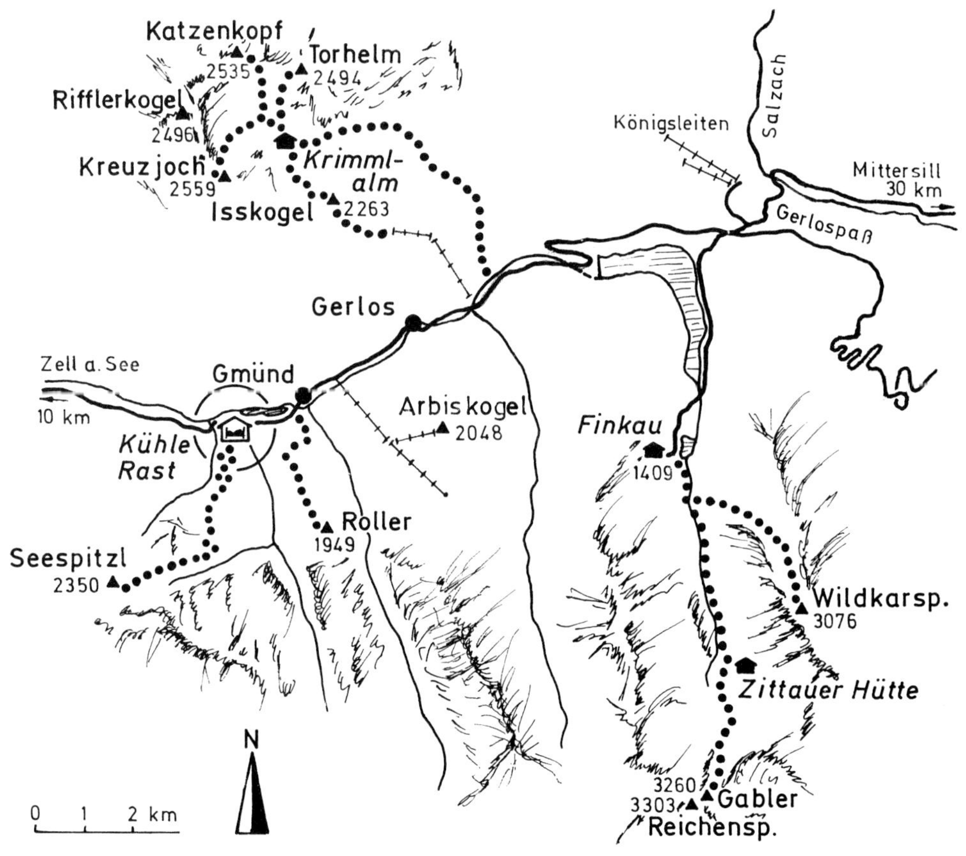

tionsstarken Skibergsteigern zu machen, am besten im Frühjahr. Gletschererfahrung nötig.
Die Route: Wie vorher beschrieben zum Wirtshaus Finkau, von hier aus den Sommeraufstieg zur Zittauer Hütte (2325 m, 2½ Std., erst ab Juni geöffnet!) Man läßt diese Hütte aber weit links liegen, steigt zum Wildgerloskees auf und über seinen immer steiler werdenden oberen Teil (Gabler-Glatze genannt) bis knapp unterhalb des felsigen Gipfelaufbaus. Der Gipfel selbst kann nur in mittelschwerer Kletterei erreicht werden. Die Abfahrt (oben steil und bei hartem Schnee gefährlich!) ist ein eindrucksvolles Erlebnis.

Die Gerlosplatte im Mittelgrund, rechts dahinter die Wildkarspitze, deren schönes, nach rechts herabziehendes Kar befahren werden kann – eine der interessantesten Touren zwischen Zillertal und Pinzgau.

Ein Wirtshaus und fünf Touren

Ein typischer Eindruck von Kitzbüheler Skibergen: weite, fast waldfreie Hänge mit idealer Neigung. Aufstiegszeiten selten über 3 Std.

Geheimtip: Windautal

Gasthof-Pension Jagerhäusl
A-6363 Westendorf/Tirol
Windautal, Kitzbüheler Alpen
Leitung: Familie Ager
Tel. (05334) 6219
D: (0043-5334) 6219

„Im gemütlichen Winterhäusl"

Öffnungs-/Ruhezeiten: Immer geöffnet
Preiskategorie: III
Anzahl der Skitouren: 5
Lage des Hauses: In 850 m Höhe im Windautal, an der Windauer Ache
Zufahrt: Inntalautobahn, Ausfahrt Wörgl, weiter in Richtung Westendorf, von dort 8 km durch das Windautal
Zimmer: 6 Doppelzimmer, 2 Dreibettzimmer, 2 Vierbettzimmer (Zimmer teilweise mit Öfen beheizt oder können auf Wunsch mit elektrischen Öfen beheizt werden), 15 Matratzenlager unbeheizt; 1 Dusche und 1 Etagenbad
Essen im Haus: Ja
Frühstückszeit: Nach Wunsch
Einkaufsmöglichkeit für Proviant: In Westendorf, 8 km entfernt
Parkplatz: Am Haus
Garage: Nein
Schneeketten für Zufahrt: Ratsam
Skiraum: Großer Skiständer im Flur
Anreise mit öffentlichen Verkehrsmitteln: Bahnstation Westendorf und mit Taxi zum Gasthof Jagerhäusl (bisher noch keine Busverbindung), ca. 8 km
Andere Sportmöglichkeiten: Langlaufen und alpin Skifahren in den nahegelegenen Skiorten
Wer weiß im Haus über Skitouren Bescheid: Der Sohn, Franz Ager

Blick in die Speisenkarte, Spezialitäten:
Für den Tourengeher, dem das normale Frühstück mit Butter und Marmelade zu wenig Unterlage ist, werden in der Küche auch zu früher Morgenstunde Eier und Speck gebrutzelt. In dieser familiären Atmosphäre sind auch noch, Gott sei Dank, Wünsche an die Küche keine Extrawurst! Es wird Hausmannskost geboten mit den Tiroler Knödel-Kraut-Fleisch-Gerichten. Das Wiener Schnitzel ist besonders gut bemessen, ob da eine Frittatensuppe vorweg noch Platz hat? Der Kuchen ist hausgebacken (nicht hausbacken!), auch der Apfelstrudel zur Nachspeise oder zum Nachmittagskaffee. Beim Kaiserschmarren, schön locker-goldgelb, wird an Eiern nicht gespart, das hat seinen guten Grund: die kleine hauseigene Landwirtschaft liefert die Produkte an die Küche – das ist nach meiner Ansicht schon mal vertrauenerweckend für die Zubereitung der Speisen, in jedem Fall aber weniger „sterile" Ware aus Plastikbehälter, Dosen und Dauerverpackung!

Aus meinem Notizbuch:
Wer ein solides, sauberes, älteres Haus schätzt, ohne großen Komfort, der wird an dieser Unterkunft seine Freude haben. Es hat eigene Reize und jene „gewachsene" Stubengemütlichkeit zu bieten, die anderswo der Innenarchitekt zu arrangieren versucht. Frau Ager umsorgt das Haus, eine Bäuerin-Wirtin mit geschlungenem Kopftuch und dem Vorzug einer mütterlichen Gästebetreuung und geduldigen Zuhörens.

Weitere Unterkunftsmöglichkeit:
Der Bruder der Wirtin hat in Westendorf, 8 km entfernt, eine neue Pension-Café-Bäckerei „Hausberger", Tel. (05334) 6213, direkt im Zentrum neben der Kirche. 30 Betten, Dusche, Zentralheizung. Nur Frühstück.

Skitouren (oder auch Stützpunkte) in den Kitzbüheler Bergen anzugeben, ist eine schwierige Arbeit. Es gibt unermeßlich viele. Der AV-Skiführer Band 2 nennt auf 75 Seiten 64 Gipfel (ohne die Saalbacher Berge!), die alle von mehreren Seiten begangen und befahren werden können.
Ein Blick auf die Karte zeigt, daß es sechs Täler sind, die die Kitzbüheler Berge von Norden her erschließen, nämlich (von West nach Ost) Alpbachtal, Wildschönau, Kelchsau, Windau, Spertental und die Fahrstraße von Kitzbühel zum Paß Thurn. In jedem dieser Täler müßte man eigentlich mindestens einen zentralen Stützpunkt angeben und die wichtigsten Touren beschreiben – wir haben uns aber in diesem Buch auf drei Gebiete beschränkt, um die Kitzbüheler nicht zu „übergewichtig" werden zu lassen.
Alpbach- und Wildschönautal sind heute sehr stark durch Lifts erschlossen; die schönsten Touren liegen daher weiter hinten, wo die Zufahrten enger, höher und weniger stark befahren werden. Kelchsau- und besonders das Windautal dagegen sind ruhiger. Hier findet man noch genügend Gipfel, die einsam und deren Hänge ungespurt sind. Hier ist aber auch das Drum und Dran weniger ungeprägt: weniger Unterkünfte, weniger Pistenmöglichkeiten für die Familie, die die Touren nicht mitmachen möchte, kaum Loipen.
Das gilt ganz besonders für das Windautal. Die Autozufahrt von Westendorf weist zwar keine Steigung auf, ist aber überaus kurvenreich. Die Berge rundum haben in Skifahrerohren den besten Klang: Brechhorn, Floch, Gerstinger Joch, Tanzkogel im Osten; Lodron und Steinberg im Westen und natürlich die Gipfel rund um die Bamberger Hütte – mit ihnen allein läßt sich eine ausgefüllte Tiefschneewoche verbringen! Alle diese Gipfel lassen sich auch aus den Nachbartälern im Westen (Kelchsau bzw. Kurzer Grund) oder im Osten (aus dem Spertental) besteigen. Wir haben trotzdem die Windau und insbesondere das Jagerhäusl als Ausgangspunkt gewählt, weil wir damit eine ruhige und gemütliche Ecke vorstellen wollten, wie man sie nicht so leicht wiederfindet.

Gamskogel, 2206 m

Ausgangshöhe	Aufstieg	Zeit	Hangrichtung
990 bzw. 1090 m	1110 bzw. 1210 m	3 bis 4 Std.	Nord

Allgemeines: Eine der schönsten Touren in den Kitzbühelern, fast durchwegs Almwiesen ohne Wald. Der Übergang zum südlich vorgelagerten 93 m höheren Steinkogel ist unergiebig.
Die Route: Je nach dem Zustand der Fahrstraße kann man vom Jagerhäusl entweder nur bis zum Gasthof Steinberg oder auch weiter bis zum Gasthaus Gamskogel (4 km südlich gelegen) mit dem Pkw fahren. Zunächst zu Fuß auf dem Fahrweg weiter, dann über die Brücke und gleich rechts am Bach entlang nach Süden, bis man nach links freie und flachere Hänge erreichen kann. An der Foischingeralm vorbei, immer weiter gerade hinauf, dann auf einer Rampe nach Süden und an einem Kreuz vorbei über den verblasenen Grat auf den Gipfel.

Floch, 2057 m

Ausgangshöhe	Aufstieg	Zeit	Hangrichtung
800 m	1257 m	3½ Std.	West

Allgemeines: Der Floch ist ebenfalls sehr bekannt und stark besucht, ebenfalls mehr vom östlichen Spertental aus; hier sind seine Hänge allerdings sehr steil, daher gelegentlich lawinengefährdet, und unten im Unteren Grund verbleibt für Anmarsch und Rückkehr ein dreiviertelstündiger Marsch zu absolvieren. Wenn wir ihn aus der Windau begehen, dann deckt sich der Aufstieg zu drei Viertel mit dem Brechhornaufstieg. Das obere Viertel bringt dann flache, aussichtsreiche Nordwesthänge bis zu seinem flachen Gipfel.
Die Route: Wie zum Brechhorn bis zur Brandeggalm (2½ Std.). Hier jedoch flach nach Südosten, über freie Hänge, westlich unterhalb des Brandeggipfels vorbei auf den Nordgrat des Floch und auf den Gipfel.

Fleiding, 1892 m und **Gampenkogel,** 1956 m, sind die letzten höheren Gipfel des Gebirgszuges zwischen Windau- (im Westen) und Spertental (im Osten). Durch die Lifts von Westendorf auf den Nachtsöllberg bzw. durch den aus der Windau geplanten Lift auf den Fleiding wird der Tourenfahrer an diesen früher oft bestiegenen Gipfeln nicht mehr interessiert sein. Sie können aber ohne Liftbenützung über die Windaubergnieder- und -hochalm von Westen bestiegen werden. Der Übergang zum Brechhorn ist schön und dauert 2½ Std.

Lodron, 1925 m

Ausgangshöhe	Aufstieg	Zeit	Hangrichtung
800 m	1125 m	3 Std.	Nordost

Allgemeines: Auch der Lodron ist sehr stark besucht, mehr aus der westlich gelegenen Kelchsau. Seine Nordostseite bildet dagegen ein ideal geneigtes, hindernisloses Becken, bis zu dem man allerdings unten eine Waldzone durchsteigen muß.
Die Route: Vom Jagerhäusl sofort über die Brücke und nach rechts (Westen) auf dem Fahrweg hinauf zu einem Hof. Auf dem Fahrweg weiter. Nachdem man den Falbenbach überquert hat über Wiesen hinauf zur Scharlingtalalm, dann mehr links haltend über Äußere und Innere Hartkaseralm (1380 m). Nun entweder den Gipfel von rechts (über den Nordgrat) oder von links über die Bärenbachalm angehen.

Gerstinger Joch, 2037 m

Ausgangshöhe	Aufstieg	Zeit	Hangrichtung
990 m	1040 m	3½ Std.	West

Allgemeines: Das Gerstinger Joch ist ein sehr oft bestiegener und meist gut gespurter Berg, den man sowohl aus dem Windau-, als auch von Osten aus dem Spertental erreichen kann. Aufstieg und Abfahrt verlaufen durch nahezu baumfreie Idealhänge.
Die Route: Man fährt wiederum das Windautal vom Gasthaus Jagerhäusl bis zum neuen Gasthaus Steinberg und noch einen knappen Kilometer auf der Straße weiter bis in die Pastau (so heißt der hier etwas breitere Talgrund mit Holzstapelplätzen und Parkmöglichkeiten). Hier nach links (Osten) über den Bach und über die neue Almstraße in mehreren Serpentinen bis zur Scheibenschlagniederalm. Weitere 200 Hm hinauf bis zu einem Felsriegel; von hier an nicht mehr hinauf, sondern scharf nach rechts und durch Mulden weiter, immer rechts haltend in freies Gelände und dann schräg rechts auf den Rücken und über den langen Nordgrat auf den Nordgipfel.

Brechhorn, 2031 m

Ausgangshöhe	Aufstieg	Zeit	Hangrichtung
800 m	1230 m	3½ Std.	West

Allgemeines: Das Brechhorn ist einer der bekanntesten Kitzbüheler Skiberge überhaupt. Da es meist von Osten, aus dem Spertental bestiegen wird, ist die Abfahrt hier oft bis zur Piste ausgefahren. Seine Westseite ist jedoch weniger begangen und weist daher unberührte, wenn auch nicht ganz freie Hänge auf.
Die Route: Der Aufstieg beginnt direkt am Stützpunkt Gasthaus Jagerhäusl; zunächst über steile Wiesen, dann durch baumbestandenes Gelände hinauf, immer links vom Rettenbach haltend, zur Schönau- und kurz danach zur Brandeggalm. Den Gipfel erreicht man nicht über die steile Nordflanke, sondern man quert zum Nordostgrat hinüber, gelangt auf die Spertentalseite und von Osten auf den Gipfel. Sehr schöner Rundblick.

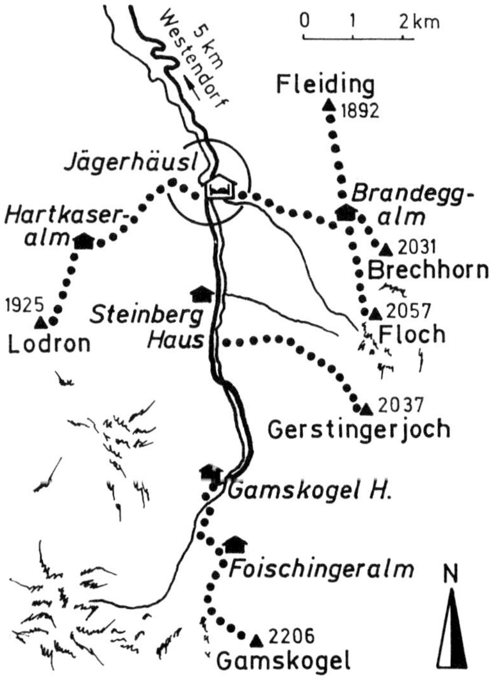

Aufstieg zum Lodron. Ein kalter Januartag, die Sonne steht selbst mittags nicht hoch über dem Horizont. Im Nu ist die Aufstiegsspur zugeweht.

Abseits der Lift- und Pistenhänge

Wahre Könner meistern ihre Abfahrt auch noch bei leichtem Bruchharsch!

Zwischen Kitzbühel und Paß Thurn

Gasthof Hotel Hechenmoos
A-6370 Aurach bei Kitzbühel
Tirol, Kitzbüheler Alpen
Leitung: Peter Pfisterer
Tel. (05356) 5288
D: (0043-5356) 5288

Öffnungs-/Ruhezeiten: Geschlossen nach Ostern bis Mitte Mai und von Mitte November bis Mitte Dezember
Preiskategorie: II
Anzahl der Skitouren: 5
Lage des Hauses: In 924 m Höhe, an der Verbindungsstraße Kitzbühel–Paß Thurn–Mittersill (nachts wenig befahren)
Zufahrt: Über Kufstein–Kitzbühel oder über Mittersill/Pinzgau
Zimmer: 60 Betten in Ein- bis Vierbettzimmern, alle mit Dusche oder Bad/WC, teilweise Balkon; Zentralheizung
Essen im Haus: Ja
Frühstückszeit: Ab 7.00 Uhr, auch früher möglich
Einkaufsmöglichkeit für Proviant: Im Ort
Parkplatz: Am Haus
Garage: Ja
Schneeketten für Zufahrt: Nein
Skiraum: Ja
Anreise mit öffentlichen Verkehrsmitteln: Bahnstation Kitzbühel, dann Verbindungsbus bis vor das Haus, oder mit Taxi 6 km, ab Bahnstation
Andere Sportmöglichkeiten: Langlaufen (30-km-Loipe führt am Haus vorbei), in den nahen Skizentren alpin Skifahren, Eislauf, Eisstockschießen, Curling, Hallentennis und Schwimmen
Wer weiß im Haus über Skitouren Bescheid: Der Inhaber, Peter Pfisterer

Blick in die Speisenkarte, Spezialitäten:
Zum Frühstücksgedeck gibt es in Ergänzung Orangensaft und Wurst und Käse abwechselnd als Frischware oder abgepackt. Die Standardkarte hat einen vernünftigen Umfang und berücksichtigt die Wünsche von der Gemüseplatte und kleinen Speisen bis zur Schweinshaxe oder zu den Gebirgsforellen. Die beiden Menüs mit Suppe, Hauptessen und Nachspeise bleiben ebenfalls auf dem Niveau eines guten Gasthofes.

Aus meinem Notizbuch:
Vom Mittelalter bis ins 19. Jahrhundert war das Haus ein Gasthof und Stützpunkt für die Bergarbeiter. Bis vor 30 Jahren bestanden auch noch Relikte aus der ursprünglichsten Zeit, als Hechenmoos eine Pferdewechselstation war. Heute haben sich daraus nur noch ein Pony und ein Esel für die Kinder zum Reiten erhalten als Referenz an alte Zeiten. Seit 1930 ist der Gasthof im Familienbesitz und wie in allen schönen Gebirgsorten, wurde auch dieser Jochberger Gasthof seit 1950 immer wieder einmal renoviert oder es wurde angebaut, um den Gästewünschen gerecht zu werden. Die Schwester des Inhabers, Frau Holub, ist recht stolz darauf, daß die Gäste zum Wintersport aus aller Herren Ländern kommen und das Haus eine gut gemischte Gästeschar aufweist, die dann im Frühjahr draußen auf der großen Südterrasse sitzt, die 9-km-Gigglingabfahrt vom Hahnenkamm oder den Loipen-Hatscher mit einem schönen Weißbier belohnend.

Weitere Unterkunftsmöglichkeit:
(mit alter Stube) Gasthof Alte Wacht, A-6370 Aurach (südlich, in Richtung Paß Thurn), Leitung: G. Zwertetschka, Tel. (05356) 5222. 12 Betten, Zentralheizung, Terrasse.

Die Kitzbüheler Berge sind ein 1400 Quadratkilometer großes Schiefergebirge. Schiefer – das bedeutet rasche Verwitterung und somit flache Formen, Hänge, weite Almen (alles ideal für Skifahrer!), sanfte Gipfelformen; nur ganz selten sind Felsgipfel aufzufinden, wie zum Beispiel Salzachgeier oder Großer Rettenstein, die aus Schwazer Dolomit aufgesetzt sind. Kitzbühel, der Ort, der dem Gebiet seinen Namen gegeben hat, erhielt im Jahre 1271 von München aus, vom bayerischen Herzog Ludwig dem Strengen das Stadtrecht, eine Gründung, ein „Vorort" Münchens? Wenn man das Skifahrerpublikum betrachtet, könnte man das meinen. Burg und Stadt und natürlich die wichtigen Bergwerke der Umgebung gehörten jahrhundertelang den bayerischen Herzögen. Bereits vor 3000 Jahren wurde hier Kupfer abgebaut, vor 500 Jahren Silber. Heute stehen alle Zechen still; nur große Schutthalden und gelegentlich alte Knappenhäuser mit dicken Mauern erinnern daran.
Die Hänge zwischen Kirchberg, Kitzbühel, Jochberg und Paß Thurn sind heute voll „erschlossen". 56 Lift- und Bahnanlagen sorgen dafür, daß der Pistenfahrer kaum noch einen Meter zu Fuß zu gehen braucht; als „Skisafari" mit einem Elefantensymbol garniert preist der Prospekt diese Durchquerung an, die Lifts von insgesamt 15 km Länge, Skiabfahrten von 35 km und 6000 Hm einschließen.
Die Westseite unseres Tales, also die Osthänge zwischen Resterhöhe, Zweitausender, Bärenbadkogel und Hahnenkamm sind für Tourengeher uninteressant, wenngleich auch hier (oft in Sichtweite der Piste) schöne, freie Pulverschneehänge warten. Unberührt dagegen ist die Ostseite des Tales. Hier ist der Skibergsteiger König. Aber wie lange noch? Die Wiesenhänge um Jochberg, an Schütz, Gamshag oder Saalkogel, waren bis zur Jahrhundertwende für den Bergbau wichtig. Im Heimat- und Bergbaumuseum in Jochberg läßt sich das an einem Schlechtwettertag alles in Ruhe studieren. Der Besuch dort wird uns auch die Augen öffnen, wenn wir da eine Ruine und dort eine Halde oder ein Stollenloch deuten wollen.

Kuhkaser, 2054 m

Ausgangshöhe	Aufstieg	Zeit	Hangrichtung
950 m	1100 m	3 Std.	Nordwest

Allgemeines: Das ist eine der lohnendsten und schönsten Kitzbüheler Tiefschneetouren – allerdings stark besucht und gelegentlich (besonders im mittleren Bereich) zur Piste ausgefahren. Eine rassige Abfahrt (kaum Lawinengefahr), am schönsten im Hochwinter!
Die Route: Sie beginnt beim Gasthaus Alte Wacht, 3 km südlich von Jochberg, wo man sein Auto in der Mulde direkt an der Paß-Thurn-Straße abstellt und den schmalen Fahrweg hinunter zum Bach absteigt, den man nach 200 m auf einer Brükke überschreitet. Dann über freie Hänge aufwärts zur Spitaleralm, dann nach links (Norden) zur Hörgeralm und auf den Nordwestrücken des Kuhkasers. Diesen durch baumbestandenes Gelände hinauf auf einen Absatz (Höhe 2002 m). Jetzt an das steile Gipfelmassiv heran, aber in halber Höhe schräg nach rechts auf die Westseite des Berges und oben flach auf den weiter hinten liegenden Gipfel. Großartige Rundsicht auf die Hohen Tauern und sämtliche Gipfel der Kitzbüheler Berge.

Großer Schütz, 2069 m

Ausgangshöhe	Aufstieg	Zeit	Hangrichtung
920 m	1100 m	3½ Std.	West

Allgemeines: Ein Skiberg, der sowohl von Jochberg, als auch von der Bochumer Hütte aus bestiegen werden kann, mit Abfahrten zur Bochumer Hütte, nach Nordwesten, nach Hechenmoos oder (am lohnendsten) zurück nach Jochberg. Die Steilhänge im Gipfelbereich erfordern sichere Schneeverhältnisse.
Die Route: Am südlichen Ortsende von Jochberg führt eine Fahrstraße bergab nach Osten, zur Jochberger Ache (Markierung: Schwimmbad). Über die Brücke und jenseits ein paar hundert Meter hinauf zu den Hanslernhöfen, wo man das Auto abstellt. Hier beginnt der Aufstieg nach Osten, über steile Wiesenhänge auf den Waldgürtel zu, zur Hanslernalm, dann nach links (Norden) zur Waldhausalm, auf den Nordrücken hinauf und zum Gipfel.
Wenn der Schnee auf der Westseite nicht gut ist, empfiehlt sich der Aufstieg über die Bochumer Hütte (wird bei der nächsten Tour näher beschrieben) und dann über Osthänge auf den erwähnten Nordrücken und zum Gipfel.

Saalkogel, 2009 m und Rauber, 1973 m

Ausgangshöhe	Aufstieg	Zeit	Hangrichtung
950 m	1050 m	3 Std.	West

Allgemeines: Diese beiden Gipfel lassen sich in einem Zug besteigen. Der Zugang durch das Wieseneggtal bis zur Bochumer Hütte ist etwas langwierig, der Gipfelbereich bietet schöne Aussicht und der Übergang zum Tristkogel, Gamshag und Schütz ist ein alpines und langes Unternehmen!
Die Route: Von Hechenmoos mit dem Auto so weit wie möglich in das Wieseneggtal in Richtung Bochumer Hütte fahren. Der letzte Teil des Hüttenanstiegs ist Rodelweg und wird am besten mit geschulterten Skiern begangen. Auf der Hütte Rast – ein altes Haus aus der Zeit, als hier Knappen im Metallbergbau beschäftigt waren. Von der Bochumer Hütte zum Wald hinauf, nach rechts über eine Steilstufe und über flache Wiesenhänge auf den Gratrücken. Man erreicht den Rauber und 10 Min. später den Saalkogel. Über den flachen Nordgratrücken kann man auch den flachen Laubkogel in 1 Std. erreichen.

Bischof, 2127 m

Ausgangshöhe	Aufstieg	Zeit	Hangrichtung
900 m	1200 m	3½ Std.	West

Allgemeines: Eine relativ selten gemachte Tour; der Weg durch den Auracher Graben ist nicht sehr interessant, im oberen Bereich jedoch freie Hänge und schönes Tiefschneegelände.
Die Route: 4,5 km nördlich von Jochberg (4 km südlich von Kitzbühel) wird die Hauptstraße in Aurach nach Osten in Richtung Oberaurach–Buchau verlassen. Man fährt auf dieser Straße, soweit sie geräumt ist, und steigt dann den Weg zur Hochwildalm nördlich des Aurachbaches hinauf, zuletzt steil bis zur Hütte (1557 m, 2 Std.). Ab hier in der Mulde nach Osten hinauf; den runden Gipfel des Bischof, der schon ab Aurach immer wieder zu sehen ist, erreicht man von Norden. Bei der Abfahrt bieten die West- und Südwesthänge nicht immer guten Schnee; der Ziehweg hinaus nach Aurach ist abwechslungsreicher Schlußpunkt dieser Tour.

Laubkogel, 1810 m

Ausgangshöhe	Aufstieg	Zeit	Hangrichtung
920 m	900 m	2½ Std.	West

Allgemeines: Ein unbedeutender Gipfel, nördlicher Eckpfeiler des 2,5 km langen Grates, der sich vom Saalkogel nach Norden erstreckt. Seine Abfahrt über steile Westhänge ist waldfrei.
Die Route: Von Hechenmoos die Straße nur 1 km nach Osten bis Grüntal, über die Wiesen empor, zu den Mitterhöfen und zur Exenbergalm. Hier nach rechts über den Graben und nach links auf dem Rükken zum Gipfel.

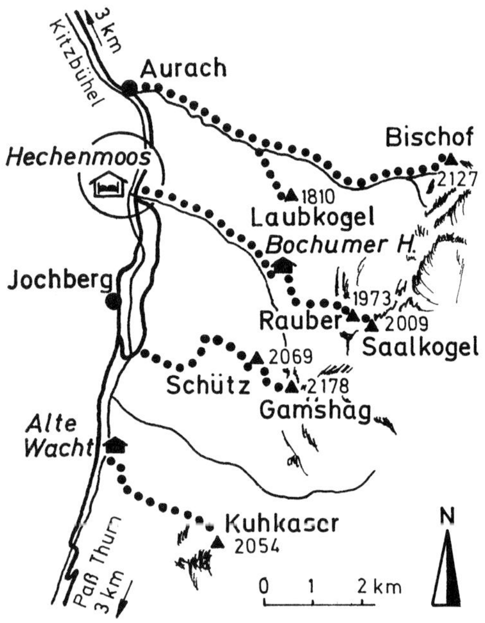

Oben: der Kuhkaser, gesehen vom Schütz. Man erkennt gut den Vorgipfel (der Hauptgipfel steht weiter links!), der aber nicht überschritten, sondern rechts umgangen wird.
Unten: Gamshag und Schütz, gesehen vom Laubkogel, also von Nordosten.

Die Schnappenalm gegenüber vom Wilden Kaiser. Genau in Bildmitte die Ostwand des Lärchecks, auf halber Strecke zwischen Bildmitte und linkem Rand die Ackerlspitze.

Kaiserliche Skitouren

Fünf Skiberge vom alten Wirtshaus Griesenau

Gasthof Griesenau
Griesenau 195
A-6382 Kirchdorf/Tirol
Leitung: Familie Trixl
Tel. (05352) 4180
D: (0043-5352) 4180

Öffnungs-/Ruhezeiten: Ganzjährig geöffnet
Preiskategorie: III
Anzahl der Skitouren: 5
Lage des Hauses: In 728 m Höhe, ländlich-ruhig, in einem Hochtal.
Zufahrt: Inntalautobahn, Ausfahrt Oberaudorf, zur Verbindungsstraße Kössen–St. Johann/Tirol (Postautolinie)
Zimmer: 56 Betten, Etagendusche/WC; Zentralheizung
Essen im Haus: Ja
Frühstückszeit: Nach Vereinbarung
Einkaufsmöglichkeit für Proviant: In Gasteig, 3,5 km entfernt, oder Brotzeiten vom Gasthof zubereitet zum Mitnehmen
Parkplatz: Am Haus
Garage: Nein
Schneeketten für Zufahrt: Zum Haus nein, für Tourenzufahrt ratsam
Skiraum: Ja
Anreise mit öffentlichen Verkehrsmitteln: Bahnstation St. Johann/Tirol, dann Postbus bis Griesenau
Andere Sportmöglichkeiten: Langlaufen, Eisstockschießen, Eislaufen (Flutlichtanlage), Rodeln, alpin Skifahren in den nahegelegenen Skigebieten
Wer weiß im Haus über Skitouren Bescheid: Der Wirt, Herr Trixl

Blick in die Speisenkarte, Spezialitäten:
Die Produkte der Speisen kommen aus der eigenen Landwirtschaft und eigenen Jagd. Die Küche ist bürgerlich, die Karte hat einen angenehm übersichtlichen Umfang mit Fleischspeisen für den kleinen und großen Hunger, Wildgerichten, zum Beispiel ein Jägergulasch, oder Fischspezialitäten, Forellen und Karpfen aus dem eigenen Weiher. Die „Jausenkarte“ hat 12 Stationen, die Zeiten der Einkehr sind hier gut über den Tag verteilt, schon allein wegen der Langläufer, die sich hier Stärkung holen. Und die Griesner-Kar-Spezialisten brauchen eine gastronomische Überbrückung, und zwar was Gscheids.

Aus meinem Notizbuch:
Ausgerechnet an einem Sonntagmittag habe ich in dem Gasthof angerufen, weil ich bei den Recherchen etwas vergessen hatte! „Ham's a Minut'n Zeit?“, fragte ich. „De nimm i mia hoit“, antwortete der Wirt fest und freundlich-bestimmt. Das war ein Wort! Das gefiel mir! Der typische Tiroler Landgasthof ist als Erbhof seit über 200 Jahren im Besitz der Familie, früher nur Landwirtschaft, seit 1923 hat der Hof die Konzession als Gastbetrieb. Zwei Kapellen sind sehenswert, die Hauskapelle aus dem Jahre 1698 und die Teufelskapelle. Der Name Griesenau wurde schon 1078 urkundlich erwähnt. Die Einrichtung ist stilgemäß für einen Landgasthof, viel Holz, viel Jagdtrophäen und ein dominanter Kachelofen. Nicht zu vergessen, die Hausbank, fürs Frühjahr, nach schweißtreibender Karstapfelei, ein formidables Rastplatzerl.

Weitere Unterkunftsmöglichkeit:
(dazugehörend) Hotelpension „Wilder Kaiser“, Griesenau 6, A-6382 Kirchdorf/Tirol, Leitung: Familie Trixl, Tel. (05352) 4180. 40 bis 50 Betten mit Dusche/WC, Balkon, Zentralheizung.

Der Kaiser als Skigebiet? Unmöglich! Als Kletterparadies ist er bekannt, auch als Wandergebiet, vor allem im Herbst. Aber Skitouren? Zunächst muß berichtet werden, daß sich rund um das Kaisergebirge einige Lift- und Pistenzentren gebildet haben: Scheffau, Ellmau (durch Lifts mit Westendorf, Hopfgarten und der Hohen Salve verbunden), St. Johann, Kössen, Walchsee, Durchholzen, Kufstein mit Brentenjoch. Und rund um den Kaiser gibt es auch hervorragende Langlaufloipen; in der Griesenau zum Beispiel schneesicher bis Ende März, zwei Loipen mit 8 und 9 km. Skitouren sind im Kaiser nur einige Kare, und die nur bei lawinensicheren Verhältnissen, also vorwiegend ab April. Dabei ist es auch kaum möglich, Gipfel zu besteigen; man gibt sich mit der Befahrung der mehr oder weniger langen, zum Teil steilen Kare zufrieden. Und bewirtschaftete Hütten gibt es auch nicht, wenn man von den Talgasthöfen absieht. Kaiserskitouren sind also in jeder Hinsicht etwas Besonderes – vor 20 Jahren noch kaum begangen, inzwischen teilweise so stark besucht, daß man für die Aufstiege Stapfspuren und für die Abfahrt regelrechte Pisten vorfindet.
Die hier aufgeführten Kaisertouren weisen in alle Himmelsrichtungen, deshalb kann man sie je nach Schnee- und Sonnenlage schon im Dezember unternehmen, man kann sie aber auch noch im Juni durchführen (wie z. B. das Griesner Kar, rein nordseitig, dessen steile und hohe Felswände den Schnee lange vor der Sonneneinstrahlung schützen). Dann muß man allerdings die erste Stunde vom Tal aus über Blumenwiesen die Skier auf dem Rücken tragen. Wir haben als Stützpunkt das große, schöne und traditionsreiche Gasthaus Griesenau an der Kaiser-Ostseite gewählt. Drei der beschriebenen Touren liegen dann direkt vor der Haustür. Zu den vier anderen muß man allerdings ca. 15 km mit dem Auto fahren.
Der Kaiser bedeutet einen Großteil alpiner Geschichte. Wer seine Skier auf dem Ellmauer Tor oder in der Roten-Rinn-Scharte in den Schnee steckt, der sieht Kletterrouten, die die besten Kletterer der letzten 80 Jahre immer wieder durchstiegen haben.

Schnappenberg, 1540 m

Ausgangshöhe	Aufstieg	Zeit	Hangrichtung
700 m	840 m	2½ Std.	Süd und West

Allgemeines: Das ist eigentlich eine Skitour, wie sie unseren Voralpenbergen entspricht: unten viel Wald, oben freie, wellige Almhänge, ein etwas komplizierter Aufstieg. Eine Tour für Spezialisten, die auch mit schlechtem Schnee an Süd- und Westhängen zurechtkommen, mit Steilstufen und auch hier und da mit Unterholz. Bei Schneebrettgefahr gefährlich; am besten im Januar oder dann erst wieder April bis Mai zu machen. Aussicht besonders eindrucksvoll.
Die Route: Von der Griesenau kommend, die Straße nach Schwendt 3 km bis an die Brücke und sofort dahinter scharf nach rechts; nach 400 m kommt der erste Bauernhof (Putzerhof), hier kann man mit dem Aufstieg beginnen und schräg nach rechts über freie Hänge die erste Rippe erreichen; oder man fährt nochmals 600 m weiter zum zweiten Bauernhof (Wieserhof) und folgt von hier der Almstraße (im Hochwinter Rodelweg) zur Wieseralm (30 Min.) und dann nach links zur Stubenalm (wo die erstgenannte Aufstiegsroute erreicht wird). Hier im rechten Teil des Almkessels hinauf auf den Rücken und dann nach links zur unteren Schnappenalm und in 15 Min. hinauf zur Oberen Schnappenalm. Jetzt links herum leicht ansteigend weiter in Richtung Gipfel. Der eigentliche Gipfel liegt aber weit im Norden; man begnügt sich mit der ersten größeren Erhebung.

Scheibenkogel, 1615 m

Ausgangshöhe	Aufstieg	Zeit	Hangrichtung
650 m	960 m	3 Std.	Nord und Nordost

Allgemeines: Der Scheibenkogel heißt bei den Einheimischen auch Scheibenwaldkogel, und damit ist gesagt, daß es sich um eine Waldtour handelt (nur oben kürzere freie Hänge), die aber bei Pulverschnee im Winter recht reizvoll ist.
Die Route: Von Griesenau 5 km auf der Straße nach Schwendt zum Forellenhof Hechenberger. 50 m südlich davon zweigt der Weg nach Westen ab (Schilder: „Brandalm“, „Scheibenkogel“). Nach 300 m überquert man eine Brücke, hier rechts weiter zum Einschnait- und noch 1 km weiter zum Aufschnaithof. Hier evtl. parken. Die Fahrstraße führt aber noch 200 m weiter nach Norden, bis scharf nach links (Süden) eine Forststraße abzweigt (Schild: Scheibenkogel). Auf dieser geht man jetzt 1½ Std.; sie führt über die Brand- zur Boaralm. Hier hält man sich nach links (Schild: Scheibenkogel), durchsteigt eine Waldzone, erreicht die Kogelalm, steigt weiter durch baumbestandenes, oben steiles Gelände zum Gipfel. Die letzten 15 Min. sind steil und mühsam und evtl. schneebrettgefährdet.

Griesner Kar, 1850 bis 2223 m

Ausgangshöhe	Aufstieg	Zeit	Hangrichtung
1006 m	850 bis 1200 m	2 bis 3 Std.	Nord

Allgemeines: Man benutzt die Mautstraße bis zur Griesner Alm (Parkplatz für 500 Pkw!). Diese Straße wird jetzt den ganzen Winter freigehalten. Im Frühjahr ist sie stark befahren, und auch das Griesner Kar zählt inzwischen zu den Touren, die an einem schönen Sonntag von 200 bis 300 Personen gemacht wird. Es bleibt trotzdem eine eindrucksvolle, lohnende Skitour.
Die Route: Von der Griesner Alm den Fußweg in Richtung Stripsenjoch, bis nach 20 Min. die Abzweigung zur Fritz-Pflaum-Hütte markiert ist (Hütte unbewirtschaftet und meist geschlossen!). Sie wird nach 2 Std. erreicht; ein Großteil der Bergsteiger bleibt da. Es gibt aber drei weitere Möglichkeiten, alles steile und rassige Touren: entweder aus dem Kar schräg nach links zum Schönwetterfenster (kurze Kletterei zur Westlichen Hochgrubachspitze), oder zum Kleinen Törl, oder nach rechts zum Goinger Törl.

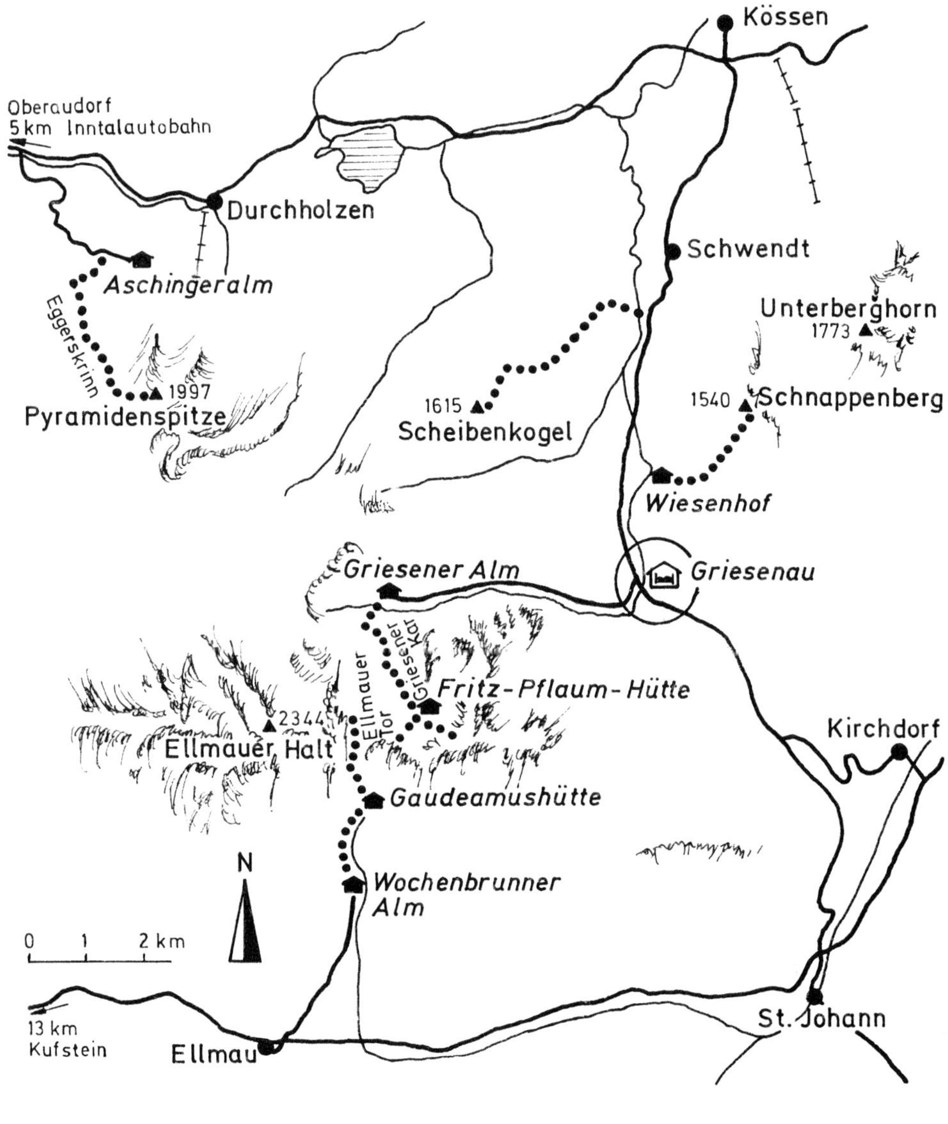

Ellmauer Tor, 1970 m

Ausgangshöhe	Aufstieg	Zeit	Hangrichtung
1087 m	900 m	2 bis 3 Std.	Süd

Allgemeines: Ein weites Kar, am besten bei Firn (auch schon im Dezember möglich!), es sollte aber früh am Morgen begangen werden. Oben großartiger Blick auf die berühmtesten Kaiserklettereien.
Die Route: Mit dem Auto bis Ellmau und weiter zur Wochenbrunner Alm (Parkplätze für 200 Pkws). Von hier aus den Sommerweg ins Tal hinein zur Gaudeamus-Hütte, weiter das Kar hinauf (oben steiler werdend) bis auf das Ellmauer Tor.

Eggerskrinn, Pyramidenspitze, 1997 m

Ausgangshöhe	Aufstieg	Zeit	Hangrichtung
850 m	1140 m	3 Std.	Nord, oben Südwest

Allgemeines: Das ist die wahrscheinlich schönste Kaisertour, weil sie als einzige auf einen Gipfel führt. Zu begehen erst ab Ende März, aber bis Mai möglich.
Die Route: Man muß zuerst das Gasthaus Aschinger Alm erreichen: entweder von Kössen, Walchsee, Durchholzen kommend über Buchberg oder vom Inntal über Ebbs, vorbei an den Gasthöfen Zacherl und Kölbergstüberl. 200 m vor der Aschinger Alm kreuzt man einen Skilift, 50 m danach (also 150 m vor der Aschinger Alm) zweigt nach rechts ein Sträßchen ab, auf dem man nach 100 m parkt (Schranke, meist mehrere andere Autos). Auf dieser Forststraße weiter, ½ Std. durch Wald, dann nach links mit angeschnallten Skiern hinauf bis ins Kar. Zunächst recht steil hinauf (nach links haltend), dann durch die breite Karmulde, oben recht steil, zur Scharte und dann wieder flacher über Südosthänge auf die Pyramidenspitze.

Oberes Bild: Griesener Kar, ganz links die Fritz-Pflaum-Hütte, schräg nach links über den Bergsteigern zieht die steile Rinne zum Schönwetterfenster hinauf.
Unteres Bild: der Tiefblick vom Aufstieg zum Eggerskrinn. Der Hintergrund, links beginnend: Kranzhorn, Heuberg und ganz recht die Hochries.

Hochwinter im Chiemgau

Aufstieg durch das Ostertal zur Hörndlwand – Blick auf Watzmann (Mitte) und Hochkalterstock (rechts); ganz links das Sonntagshorn.

Reit im Winkl – nicht nur für Langläufer

Hotel-Gasthof Unterwirt
8216 Reit im Winkl
Oberbayern
Leitung: Familie Stumbeck
Tel. (08640) 8811

Öffnungs-/Ruhezeiten: Ganzjährig geöffnet
Preiskategorie: I
Anzahl der Skitouren: 4
Lage des Hauses: In 695 m Höhe, im Ortszentrum neben der Pfarrkirche
Zufahrt: Autobahn München–Salzburg, Ausfahrt Bernau, 26 km, von der Ausfahrt Siegsdorf 30 km. Reit im Winkl liegt an der Deutschen Alpenstraße
Zimmer: 110 Betten, alle mit Dusche/Bad und WC, Fernsehen, Radio, Zentralheizung. Ferienwohnungen 2 bis 6 Personen. Fast jedes Zimmer mit eigenem Balkon
Essen im Haus: Ja
Frühstückszeit: Ab 7.00 bis 11.00 Uhr, auf Wunsch früher (Thermos-Vorbereitung)
Einkaufsmöglichkeit für Proviant: Im Ort
Parkplatz: Am Haus
Garage: Ja
Schneeketten für Zufahrt: Zum Haus nein, für Tourenzufahrt ratsam
Skiraum: Ja
Anreise mit öffentlichen Verkehrsmitteln: Bahnstation Prien/Chiemsee, Busverbindung nach Reit im Winkl oder direkte Busverbindung von München-Hauptbahnhof
Andere Sportmöglichkeiten: Langlaufen, alpin Skifahren, Eisstockschießen, Schwimmen im Hallenbad. Außerdem: für Kinder Rodelbahn und Skikindergarten
Wer weiß im Haus über Skitouren Bescheid: Auskunft über Vereinigte Skischulen Reit im Winkl – Winklmoos-Alm, Tel. (08023) 8358, oder Walter Kellermann, Tel. 8672
Blick in die Speisenkarte, Spezialitäten: Machen Sie sich auf ein ausgiebiges Studium der Speisenkarte gefaßt! Es ist für jede Geschmacksrichtung eine Riesenauswahl geboten. Ich picke heraus: Kleiner Salatteller mit Roastbeefstreifen, Hausgebeizter Lachs und Reiberdatschi, Kalbshaxe, Indisches Märchen, Schwäbischer Rostbraten, Chiemsee-Renke, ½ kanadischer Hummer pochiert, Schwäbischer Apfelpfannkuchen und allein zwanzig Desserts. Bei den Spezialitäten steht ein „Reit im Winkler Bauernspieß". Am Morgen ein Wunschfrühstück nach eigener Zusammenstellung, auch Müsli, mit geriebenem Apfel als Kraftquell.

Aus meinem Notizbuch:
„Und Wie Ein Arm Aus Siebentem Himmel Winkt Uns Des Unterwirts Gastlicher Schild." Im Jahre 1860 war der Dichter Victor von Scheffel Gast in diesem Haus. Links am Eingang sind die vielen Besitzernamen des Gasthofes seit dem Jahre 1492 eingemeißelt. Ein großes Haus mit viel Tradition unter dem Giebel. Im Hallenbad kann der strapazierte Skitourengeher seine Muskeln wieder lockerschwimmen. Und ob er nun lieber in der bayerischen Stube oder im vornehm-behaglichen Ratsstüberl seinen Kräfteverschleiß aufholt, das bleibt der Vorliebe jedes einzelnen überlassen.

Weitere Unterkunftsmöglichkeit:
(preisgünstig) Alpen-Gasthof-Pension Seehaus. 8222 Ruhpolding-Seehaus, Leitung: Familie Bichler, Tel. (08663) 1923. 50 Betten, teilweise Dusche/WC, Zentralheizung. (1 Skitour und Loipe am Haus.)

Reit im Winkl, 695 m hoch gelegen, Bayerns schneesicherster Wintersportplatz. Die 2500 Einwohner leben davon; fast jedes Haus bietet Privatzimmer an, und die Kapazitäten der Hotels sind riesengroß und in der Hauptsaison meist voll ausgelastet. Ein schöner Ort (ohne Salzstreuung auf den Straßen!), ein nobler und nicht ganz billiger Ort. Er liegt zwischen den Chiemgauer Bergen im Norden und dem Kaisergebirge im Süden. Freilich: Klasseskitouren direkt vor der Haustür gibt es hier nicht.
Unsere Touren sind eher Vorgebirgsunternehmungen, mit Wald und Gipfelhöhen bis zu 1800 m, teils sehr stark begangen (Geigelstein oder Fellhorn), teils noch echte Geheimtips, nur Einheimischen bekannt.
Ganz groß ist die nordische Tradition in Reit im Winkl. Seit über zwei Jahrzehnten trifft sich hier jeweils im Januar die Weltelite zu Sprung-, 15- und 30-km-Langlaufwettbewerben und auch das neue Bundesleistungszentrum für Biathlon bei Ruhpolding prägt das nordische Image dieses Gebietes. Wer hier Urlaub macht, soll sich unbedingt auf den 65 km Loipen zwischen Reit im Winkl und Ruhpolding versuchen, wobei die 15-km-Strecke für Wettkämpfe recht schwierig und für Anfänger auch gefährlich ist.
Wer Pisten fahren will, der kommt im Ortsbereich nicht auf seine Kosten. Ein Übungslift in Entfelden, ansonsten muß man schon nach Seegatterl und zur Winklmoosalm, wo ein weitläufiges, leichtes Lift- und Pistensystem bis hinüber nach Tirol zur Steinplatte (nach Süden) und ins Heutal (nach Osten) genutzt werden kann. Drei der vier Touren, die hier für Skibergsteiger gebracht werden, bedingen Autozufahrten von jeweils rund 12 km. Die ebenfalls recht nahe gelegenen Touren im Kaisergebiet werden gesondert behandelt; zum Sonntagshorn, einem der schönsten Tourenberge der Chiemgauer Alpen, sind es einfach jedoch über 50-Auto-km, so daß es hier nicht näher vorgestellt wird. Skitouren rund um Reit im Winkl sind also eher eine gemütliche Sache, nichts grandioses, eher eine Konzession an unsere schöne bayerische Voralpenlandschaft.

Fellhorn, 1766 m

Ausgangshöhe	Aufstieg	Zeit	Hangrichtung
700 m	1000 m	3 Std.	Nord

Allgemeines: Das Fellhorn ist ein oben sehr flacher Berg, ohne jede Lawinengefahr, der aber nur bei schnellem Pulverschnee bestiegen werden soll. Das Straubinger Haus (DAV, 20 Min. unterhalb des Gipfels) macht diese leichte Tour zur recht gemütlichen Sache, besonders geeignet für Anfänger.
Die Route kann entweder von Reit im Winkl und Blindau über die Hindenburghütte gewählt werden (bis hierher bequemer, breiter Weg, auch Fahrmöglichkeit mit dem Hüttenjeep) und dann über das Straubinger Haus (1551 m), oder man beginnt in Seegatterl mit dem Aufstieg über die Obere Hemmersuppenalm. Auch vom Gasthaus Steinplatte (mit den Lifts von der Winklmoosalm zu erreichen) kann man auf das Fellhorn. Besonders schöne Aussicht!

Hochgern, 1744 m

Ausgangshöhe	Aufstieg	Zeit	Hangrichtung
600 m	1140 m	3 Std.	Süd

Allgemeines: Der Hochgern ist ein Voralpengipfel, der zwischen seinen beiden durch Bahnen erschlossenen Nachbarn Kampenwand und Hochfelln direkt über dem Chiemsee steht. Seine Skibesteigung ist reizvoll, selten gemacht (und als solche in keinem Führer beschrieben), wenngleich die steilen Südhänge des oberen Drittels bei dieser Tour den richtigen Schnee haben müssen und die Abfahrt durch den Wald (in der unteren Hälfte dieser Tour) ihre Tücken hat!
Die Route: 50 m nördlich der Kirche von Unterwössen verläßt man die Hauptstraße (nach einer Brücke) nach rechts (Osten), fährt die Josef-Aberger-Straße hinauf, dann den Hochgernweg, wo man vor dem Fahrverbot parkt. Bei der zweiten Weggabelung weist ein Schild am Zaun nach links. Die grünen Wegschilder „Hochgern" mit der Nummer 5 tauchen jetzt immer wieder auf. Man erreicht nach 2 Std. Anstieg im Wald das Hochgernhaus (im Winter geschlossen) und von hier aus durch ansteigende Querung nach rechts den Grat. Zum Gipfel ist es über den meist abgeblasenen Westgrat noch eine halbe Stunde! Die beste Abfahrtsmöglichkeit (bei lawinensicheren Verhältnissen) ergibt sich, wenn man, sobald man den Gipfelgrat im Aufstieg erreicht hat, noch 300 m auf diesem in östlicher Richtung geht und dann nach rechts in den langen, gleichmäßig geneigten Südhang einfährt. Dieser Hang wird später zum engen, baumbestandenen Tobel, den man immer weiter abfährt, bis man die Forststraße und den Ausgangspunkt erreicht.

Hörndlwand, 1684 m

Ausgangshöhe	Aufstieg	Zeit	Hangrichtung
750 m	930 m	3 Std.	Ost

Allgemeines: Die Hörndlwand, deren Nordabstürze bei Kletterern in gutem Ruf stehen, ist als Skiberg nur Einheimischen oder Traunsteiner Bergsteigern bekannt. Ihre Skibesteigung ist eine lohnende, ja alpine Tour. In den unteren zwei Dritteln ist Hochwald.
Die Route: Am Gasthaus Seehaus (von Reit im Winkl 12 km, von Ruhpolding 7 km) zu den hinteren Parkplätzen, wo man gleich die Felle anschnallt und dem Forstweg nach rechts (Nordwesten) folgt. Nach etwa einer halben Stunde wird der Bach nach links überschritten. Später erreicht man größere Lichtungen, steileres Waldgelände und schließlich die große, freie Mulde des oberen Ostertales. Durch sie (oben recht mühsam) hinauf und über den kurzen Südhang direkt auf den Gipfel mit Kreuz. Man kann auch noch in 20 Min. zur benachbarten Gurrnwand hinübergehen. Die Abfahrt verläuft wieder durch das Ostertalkar, oben steil und frei, dann mit Bäumen bestanden, durch lichten Wald (ab hier abweichend zur Aufstiegsspur, weiter in der Fallinie) und zuletzt über die Forststraße hinunter zum Parkplatz.

Geigelstein, 1808 m

Ausgangshöhe	Aufstieg	Zeit	Hangrichtung
570 m	1240 m	4 Std.	Ost, Süd und West

Allgemeines: Der Geigelstein ist der bekannteste und schönste Chiemgauer Skiberg: oben eine weithin sichtbare, ebenmäßige, weiße Pyramide, im unteren Bereich jedoch eine stärkere Waldzone. Wenngleich die meisten Bergsteiger ihn von Westen her, also von Huben oder Sachrang über die Priener Hütte besteigen, sei hier die Ostroute beschrieben. Der Lift zur Wuhrsteinalm verkürzt diese ansonsten vierstündige Tour auf zwei Stunden.
Die Route: Von Reit im Winkl 16 km bis Schleching, hier zur Talstation der Wuhrsteinalm-Sesselbahn und entweder mit der Bahn oder zu Fuß entlang der Piste zur Wuhrsteinalm (1100 m). Ab hier wird das Gelände frei; man quert den mächtigen Südhang des Geigelsteins nach Westen

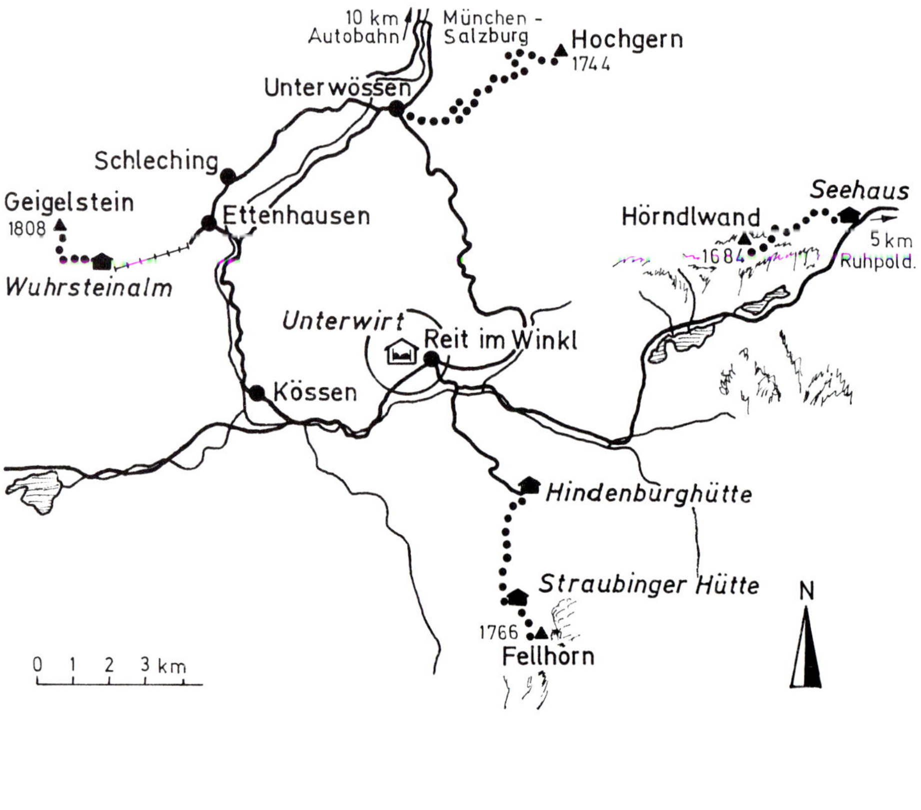

ansteigend auf die Scharte, von hier aus (meist wenig Schnee) über die Westflanke auf den Gipfel. Die Abfahrt kann genauso gewählt werden, aber ich empfehle vom Gipfel den schönen, weiten Westhang zur Priener Hütte, dort Brotzeit, dann 20 Min. durch baumbestandenes Gelände zur vorher erwähnten Scharte aufsteigen, jenseits zur Wuhrsteinalm und über die Pisten ins Tal.

Rechts der Aufstieg zum Geigelstein, dem bekanntesten Chiemgauer Skiberg, den man von Westen (von Sachrang) und von Osten (über Schleching) erreichen kann.
Unten der Gipfel des Hochgern, als Skitour wenig bekannt; links vom Kreuz das Kaiser-Gebirge, im rechten Bilddrittel die weiße Pyramide des Geigelsteins.

Rund um den Watzmann

Diese Skifahrer haben das 5. Watzmannkind erreicht; im Hintergrund die 2000-m-Flucht der Watzmann-Ostwand mit ihren typischen Felsbändern.

Hochalpine Gipfelfahrten im Berchtesgadener Land

Hotel-Pension
Hundsreitlehen
Postfach 10
D-8242 Bischofswiesen-Berchtesgaden, Oberbayern
Leitung: Familie Selbertinger
Tel. (08652) 7522

Öffnungs-/Ruhezeiten: Ende Oktober bis 20. Dezember geschlossen; Restaurant Montag Ruhe
Preiskategorie: II
Anzahl der Skitouren: 6
Lage des Hauses: In 750 m Höhe, an einem Westhang oberhalb Bischofswiesen in einer großen freien Wiesenfläche mit Ausblick
Zufahrt: Autobahn München–Salzburg, Ausfahrt Bad Reichenhall, Richtung Berchtesgaden, vor Ortschaft Bischofswiesen über große Autobrücke Richtung Loipl bergauf, einige Kehren, bis im Wald das Hotel-Schild Hundsreitlehen nach Norden in ein Sträßchen weist (etwa 1 km von südlichem Ortsanfang Bischofswiesen)
Zimmer: 6 Einbettzimmer, 13 Zweibettzimmer, 1 Appartement (42 qm), teilweise mit Dusche/WC, Balkon; Zentralheizung
Essen im Haus: Ja
Frühstückszeit: Ab 7.30 Uhr oder Thermos-Frühstück nach Vereinbarung
Einkaufsmöglichkeit für Proviant: Im Ort
Parkplatz: Am Haus
Garage: Nein
Schneeketten für Zufahrt: Ja, ratsam
Skiraum: Ja
Anreise mit öffentlichen Verkehrsmitteln: Bahnstation Bischofswiesen, von dort Abholung nach telefonischer Verständigung
Andere Sportmöglichkeiten: Langlaufen (Loipe 1 km entfernt), Skifahren am hauseigenen Skilift (450 m Länge), alpin Skifahren in den umliegenden Skiorten, Rodeln, Schlittschuhlaufen, Schwimmen in Hallenbädern der nahen Orte

Wer weiß im Haus über Skitouren Bescheid: Herr Selbertinger

Blick in die Speisenkarte, Spezialitäten: Reichhaltiges Frühstück. Die Tageskarte hat drei oder vier Gerichte angeschrieben, außerdem Pfannengerichte mit z. B. einem Teifi-Toast oder die vielen Schnitzelvarianten mit Gemüsen und Salaten. Das Haus betreibt noch eine eigene Landwirtschaft und ist der gutbürgerlichen Küche verbunden. Zum Kaffee gibt's gut proportionierte Kuchenstücke aus eigenem Backofen und der übliche Tupf Schlagrahm obenauf ist schon ein kleiner Berg!

Aus meinem Notizbuch:
Die Jahreszahl 1645 ist am Balken des alten Bauernhausteils eingeschnitzt. Die Familie Selbertinger bewirtschaftet das Anwesen seit dem Jahre 1908. Der neue Anbau hat einen besonders gemütlichen Erker und eine Terrasse, von der man aus dem Liegestuhl auf die Berge Jenner, Schneibstein, Hoher Göll und das Hagengebirge hinüberblinzeln kann, ohne auch nur einen Tropfen Schweiß zu verlieren! Ja, auch so läßt sich's mal aushalten, so ganz ohne Aufstiegsspur und Gipfelehrgeiz. Der nächste Tourentag – er kommt bestimmt!

Weitere Unterkunftsmöglichkeit:
Hotel-Pension Sunnwinkl, Göllstraße 17, D-8242 Bischofswiesen-Berchtesgaden, Leitung: Sebastian und Renate Irlinger, Tel. (08652) 7284. 42 Betten, alle mit Dusche/WC; Zentralheizung. Eigenes Hallenbad, Dampfbad, Kneippbad.

Das Berchtesgadener Land ist eine der schönsten Landschaften Oberbayerns, sicher aber das Gebiet mit den längsten (und daher auch anspruchsvollsten) Skitouren. Die vielen Bergsteiger aus dem Raum München, Rosenheim und natürlich auch aus Salzburg wissen und schätzen das.
Berchtesgaden, 10000 Einwohner, weltberühmter Sommer- und Winterfremdenverkehrsort, liegt 576 m hoch. Es wird von den Gebirgsstöcken Reiter Alpe, Hochkalter, Watzmann, Steinernes Meer, Hagengebirge, Hoher Göll und Untersberg wie von einem Hufeisen umgeben, und in all diesen Massiven (der Untersberg ausgenommen) gibt es großzügige Touren für Skibergsteiger, deren wichtigste hier vorgestellt werden. Daneben bietet Berchtesgaden aber auch noch vieles andere: eine reiche Geschichte, die von der Gründung des Stiftes (1102) zum wichtigsten Salzgewinnungsort der Alpen bis zu den Bauten des Dritten Reiches reicht. Fast alle Wintersportarten werden geboten: Langlauf, Eislauf, die Weltmeisterschaftsrodelstrekke, die vier Pistengebiete Jenner, Roßfeld, Hochschwarzeck und Götschen. Dazu (für Schlechtwetter) Museen, kulturelle Veranstaltungen und das nahe Salzburg.
Charakteristisch für die Berge und Skitouren ringsum ist die Hochplateaubildung der einzelnen Massive. Das bedeutet oben weite Flächen, die aber nach allen Seiten steil abbrechen und daher tief eingeschnittene Täler, Gassen, Rinnen und Zugänge haben, über die man sich erst einmal hinaufplagen muß. Das Dutzend Alpenvereinshütten rings um Berchtesgaden ist im Winter und Frühjahr in überwiegender Zahl geschlossen; das bedeutet: langer Anstieg aus dem Tal, früh aufbrechen, gute Kondition mitbringen!
Die Berchtesgadener Alpen bieten sicherlich hundert verschiedene Touren und Tiefschneeabfahrten. Wir wollen hier nur die bekanntesten herausstellen, die von unserem Standort in höchstens 10-Auto-km Entfernung liegen, ohne daß dabei die österreichische Grenze, die das ganze Gebiet wie ein Dreiviertelring umschließt, überschritten wird!

Hoher Göll, 2522 m

Ausgangshöhe	Aufstieg	Zeit	Hangrichtung
1000 m	1500 m	4 Std.	Ost

Allgemeines: Eine großzügige, lange, alpine Tour, sehr häufig begangen, relativ lawinensicher. Eine der schönsten Berchtesgadener-Touren.
Die Route: Mit dem Auto vom Ortszentrum Berchtesgaden in Richtung Obersalzberg–Hinterbrand (in Richtung Jenner-Mittelstation). 500 m vor Ende der Fahrmöglichkeit mündet das Alpeltal von Osten; hier parkt man, geht auf einem Pfad durch Wald bis an eine Steilstufe. Ab hier geht es steil (teilweise drahtseilversichert) mit geschulterten Skiern hinauf bis zu einem Felsabsatz und dann flacher in eine Mulde. Jetzt im riesigen Kar auf die Göllscharte hinauf und nach links (Norden) auf den Gipfel.

Watzmann-Hocheck, 2651 m

Ausgangshöhe	Aufstieg	Zeit	Hangrichtung
650 m	2000 m	5 Std.	Nord

Allgemeines: Eine der längsten und großzügigsten Touren dieses Buches, die oft schon im Dezember, meist jedoch im Frühjahr begangen wird. Sichere Verhältnisse sind Voraussetzung. Dafür werden 2000 Hm Abfahrt geboten. Die untere Hälfte der Tour ist mit der Tour zum Watzmannkar identisch.
Die Route: Mit dem Auto zur Wimbachbrücke (zwischen Ramsau und Berchtesgaden). Hier beginnt der Aufstieg: zunächst auf der Fahrstraße in Richtung Kühroint; zuvor jedoch, bei der Schapbachalm (die nach 1 Std. erreicht wird) zweigt man nach Westen zur Stubenalm ab und hält sich dann durch schütteren Wald nach Südwesten, in Richtung auf die westliche Begrenzungsrinne der Watzmanngrube. Diese verfolgt man hinauf, sie wird oben immer steiler, bis zum Hocheckgipfel mit seinem Unterstandhaus und dem großartigen Blick in das Watzmannkar. Man könnte auch den Weg zum Watzmannhaus benützen, muß dann jedoch die Watzmanngrube nach Westen queren und über steile und lawinengefährliche Hänge die erwähnte Rippe erreichen.

Watzmannkar und **Drittes Kind,** 2232 m

Ausgangshöhe	Aufstieg	Zeit	Hangrichtung
650 m	1600 m	4 Std.	Nord

Allgemeines: Eine überaus bekannte und begangene Tour, wobei man oben wahlweise eine der beiden Scharten oder das Dritte oder Fünfte Watzmannkind besteigen kann.
Die Route: Wie vorher beschrieben von der Wimbachbrücke zur Schapbachalm. Dann jedoch nicht zur Kührointalm, sondern bei der Kehre der Forststraße (etwa auf 1200 m Höhe) gerade hinauf durch lichten Wald und in das Kar hinein. In seinem oberen Teil beliebig hinauf zur Scharte oder einem der Kinder. Großartiger Einblick in die Watzmann-Ostwand!

Schneibstein, 2276 m, und **Kleine Reib'n**

Der Schneibstein wird als selbständiger Gipfel fast nie, immer dagegen im Zuge der Kleinen Reib'n bestiegen, das ist eine Rundtour von 4 bis 5 Std., sehr stark begangen, häufig zur Piste ausgefahren, nicht bei Nebel oder schlechten Sichtverhältnissen! Man fährt nach Königssee zur Talstation der Jennerbahn, benützt diese bis zur 1800 m hohen Bergstation, fährt jenseits 150 Hm zum Schneibsteinhaus ab und beginnt von hier aus den 1½-Std.-Aufstieg auf den Schneibstein. Der Gipfel ist meist abgeblasen; man schnallt die Skier an und fährt nach Süden ab zur Windscharte, hier nach Westen, um den Windschartenkopf herum und nach Südwesten das Tal zwischen Hochseeleinkopf und Fagstein hinunter. Jetzt nach Norden, zum Roßfeld aufsteigen und jenseits hinab zur Priesbergalm. Von hier aus, dem Sommerweg folgend, zur Branntweinbrennerhütte und zu den Königsbachalmen, aber oberhalb (östlich) an ihnen vorbei und fast eben nach Norden zur Jennerbahn-Mittelstation. Die gesamte Abfahrtshöhe bis nach Königssee beträgt 1900 Hm – eine schöne, landschaftlich großartige (stets gegenüber der Watzmann-Ostwand) Rundtour.

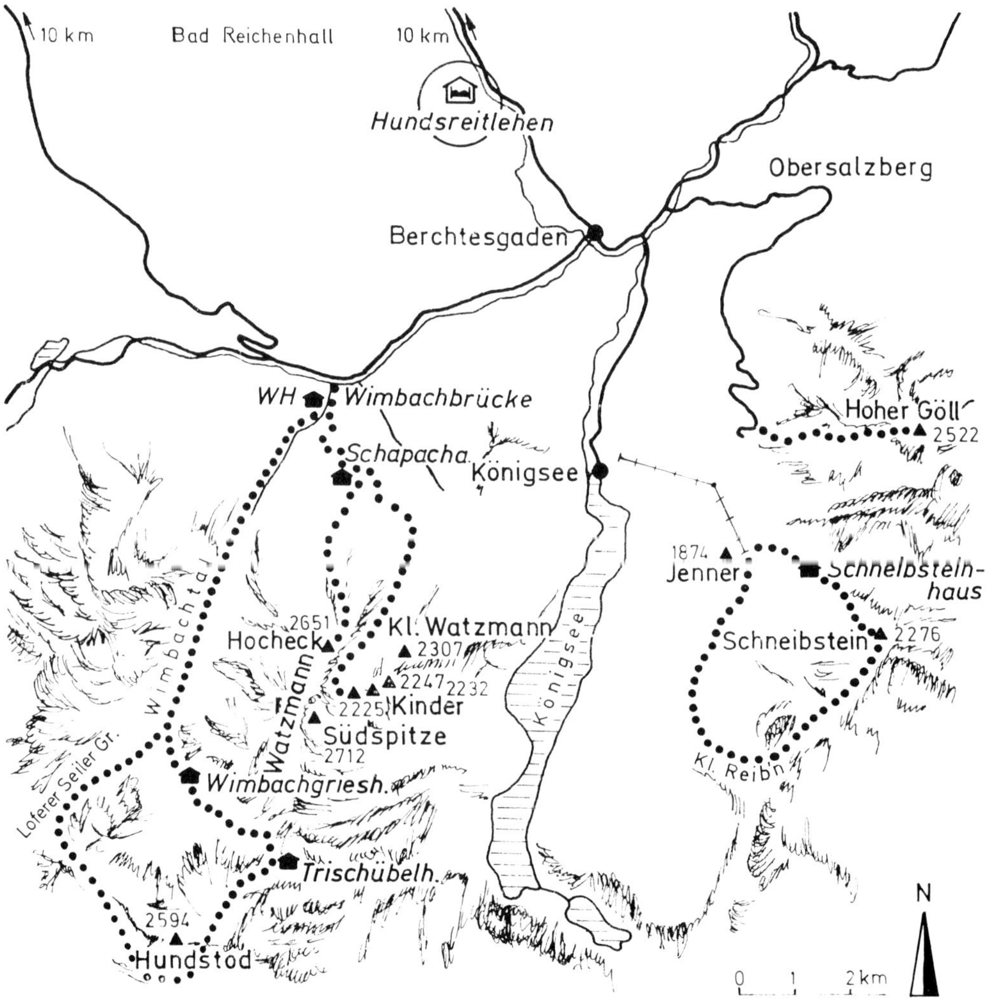

Die Große Reib'n
ist ein 2-Tages-Unternehmen über eine Distanz von 50 km! Sie benutzt über die ersten 2 Std. die Route der Kleinen Reib'n, verläßt diese aber nach dem Windschartenkopf. Sie erfordert bestes Wetter, gute Orientierungsgabe und Kondition, soll aber hier nicht beschrieben werden.

Hundstod-Reib'n

Ausgangshöhe	Aufstieg	Zeit	Hangrichtung
650 m	1900 m	8 Std.	West und Nord

Allgemeines: Das ist die Umfahrung des Großen Hundstod im Steinernen Meer (2594 m, der Gipfel kann mit 1½ Std. Mehraufwand bestiegen werden). Eine großartige Frühjahrstour; leider müssen 2 Std. Fußmarsch auf der Fahrstraße zur Wimbachgrieshütte und die gleiche Strecke wieder zurück in Kauf genommen werden.
Die Route: Von der Wimbachbrücke zur Wimbachgrieshütte (1326 m). Hier beginnt der eigentliche Aufstieg zur Trischübelalm, zum Hundstodgatterl, zur Hundstodscharte und südlich um den Großen Hundstod herum. Es folgt die 400-Hm-Abfahrt zur Schönwiesalm, der 400-Hm-Aufstieg zur Kematenschneid und schließlich die Riesenabfahrt durch den Loferer Seilergraben hinab zur Wimbachgrieshütte.

Im Watzmannkar – das obere Foto zeigt einen Teil des Anstieges. Ganz links der Kleine Watzmann, daneben die Watzmann-Kinder. Die Abfahrt wählt man möglichst weit links, im Schatten, weil hier der Schnee am besten ist. Auch im Hochwinter kann diese Tour unternommen werden – der schöne Pulverschnee im unteren Foto beweist das!

1600–2000 Höhenmeter

Aufstieg zum Loferer Skihörndl. Noch trägt der Schnee, die junge Dame in kesser Turnhose hat leichtes Steigen!

Lange Touren rund um Lofer

Gasthof Pension Frohnwies
Frohnwies 3
A-5093 Weißbach/Lofer
Land Salzburg
Leitung: Hermann Dankl
Tel. (06582) 8231
D: (0043-6582) 8231

Öffnungs-/Ruhezeiten: Ganzjährig geöffnet
Preiskategorie: III
Anzahl der Skitouren: 5
Lage des Hauses: In 670 m Höhe an der östlichen Seite der Autostraße (nachts wenig befahren), wenige hundert Meter nach der Ortschaft Weißbach, in südöstlicher Richtung
Zufahrt: Verbindungsstraße Lofer–Saalfelden
Zimmer: 2 Einzelzimmer, 12 Doppelzimmer, 4 Dreibettzimmer, teilweise mit Dusche/WC; Zentralheizung
Essen im Haus: Ja
Frühstückszeit: Nach Vereinbarung
Einkaufsmöglichkeit für Proviant: Im Ort Weißbach
Parkplatz: Am Haus
Garage: Ja
Schneeketten für Zufahrt: Zum Haus nein, für Tourenzufahrt ratsam
Skiraum: Ja
Anreise mit öffentlichen Verkehrsmitteln: Bahnstation Saalfelden, dann Busabholung kostenlos
Andere Sportmöglichkeiten: Langlaufen, alpin Skifahren, Eisstockschießen auf der hauseigenen Bahn mit Flutlichtanlage
Wer weiß im Haus über Skitouren Bescheid: Der Wirt

Blick in die Speisenkarte, Spezialitäten:
Die Küche ist auf Bodenständiges eingekocht. Von Kalb, Schwein, Rind und Wild werden Bratengerichte angeboten und bei den Speisen aus der Pfanne bleibt man ebenfalls bei deftig-heimischer Kost ohne fremdländische „Zierat“. Rehbraten mit Nudeln, ein Bauernschmaus, Jägerrostbraten mit Butterbohnen oder Kalbsbraten mit Reis. Bei den Fischen schwimmt die Forelle in die Pfanne und eine kleine Litanei an kalten Speisen gibt's neben den kleinen Zwischengerichten mit Würstel oder Toast. Aufgekocht werden auch Pinzgauer Spezialitäten wie Kasknödel, Selchfleischknödel oder Kasnocken. Mehlspeisen und Kuchen gehören selbstverständlich zur Karte des Hauses und nicht zuletzt der Hinweis: „Hier kocht die Wirtin für die Gäste.“

Aus meinem Notizbuch:
Der Tip für dieses Haus stammt von einem Skitourengeher. Ich besuchte den Gasthof im Sommer. Der Wirt ist allen Wünschen der Skitourengeher aufgeschlossen. In seiner 250 Jahre alten Zirbenholzstube mit Kachelofen konnte ich mir den Abschluß eines Skitourentages recht gut ausmalen. Weißbach und unser Talgasthof liegen zwar abseits der bekannten Skiorte wie Lofer, Saalfelden, Saalbach-Hinterglemm, Zell am See und Kaprun, aber mit guter und schneller Erreichbarkeit der alpinen Zentren, sofern man einmal nicht auf Skitour gehen will oder kann. Aber auch der Eisstockplatz am Haus läßt einen entgangenen Tourentag verschmerzen – und unbedenklich kann dann die Thermosflasche mit Hochprozentigerem gefüllt werden als mit Tee!

Weitere Unterkunftsmöglichkeit:
In der nahen Umgebung des Gasthofes Frohnwies sind mehrere Pensionen. Der Wirt, Herr Dankl, vermittelt.

Was hier geboten wird, sind die vielleicht anspruchsvollsten Skitouren dieses Buches: Aufstiege über 4 bis 7 Std., Höhenunterschiede von 1400 bis 2000 m, Routen, die zwar nicht über Gletscher führen, dafür aber durch steile Waldstufen und große Felskare mit Kletterei auf anspruchsvolle Gipfel, die zu den höchsten Erhebungen der Loferer, Leoganger Berge, des Hochkalterstockes oder des Steinernen Meeres zählen. Touren für Könner. Unser Ausgangstal (Meereshöhe nur 650 m!) wird von der Saalach durchflossen. Weißbach, im Sommer ein Wanderort mit viel Natur, mit Klettergarten (und Kletterkursen) und der Seisenbergklamm, ist im Winter ein ruhiger Ort, ohne Lifts, aber mit Loipe (8 km bis Lofer). Die Pistengebiete Loferer Alm (7 Bahnen), Lofer selbst (Übungslifts), St. Martin (Übungslift), aber auch Saalfelden, Saalbach, Zell am See und Kaprun liegen in Reichweite. Direkt vor der Haustür dagegen liegen anspruchsvolle Skitouren. Ihr Handikap ist, daß sie 1 bis 2 Std. durch den Waldgürtel führen; erst ab 1500 m Höhe wird das Gelände dann frei, und hier warten dann große Karflächen, teilweise steil und unübersichtlich, die begangen und befahren werden. Beste Zeit ist das Frühjahr, wenn genügend Schnee vorhanden ist, der sich auch gut abgesetzt hat, obwohl diese Touren gelegentlich auch schon im Januar begangen werden können. Vieles spricht aber dafür, diese Touren erst im Mai, Juni oder gar erst im Juli zu machen, wenn unten alles blüht und grünt, wenn in der Saalach die Wildwasserfahrer unterwegs sind und die Sonne sehr stark bräunt. Nur sollte man dann um 4 Uhr früh aufbrechen, denn mittags heißt es, unten im Gasthof beim Bier zu sitzen, weil an den Hängen der Schnee zu stark aufgeweicht ist.
Welche unserer Touren sind am stärksten begangen? Sicher das Loferer Skihörndl; Platz 2 nimmt das Ebersbergkar ein, Platz 3 die Hocheisspitze, 4 und 5 dann Seehorn und Selbhorn (höchster Gipfel des Steinernen Meeres). Nach dieser Skala möge sich derjenige richten, der entweder Spuren vorfinden oder auf Tour lieber einsam und allein sein will.

Seehorn, 2321 m

Ausgangshöhe	Aufstieg	Zeit	Hangrichtung
980 m	1340 m	4 Std.	West und Nordwest

Allgemeines: Das Seehorn ist ein Skiberg, dem von drei Seiten aufs Haupt gestiegen wird: Von Norden durch das Wimbachtal und den Loferer Seilergraben; von Osten durch die Bergsteiger, die die Große Reib'n begehen, und von Westen, aus dem Saalachtal, von unserem Tourenstützpunkt. Von Weißbach benutzt man die Straße zum Hirschbichlpaß und überwindet so die ersten 300 Hm. Der Seehorn-Westhang, ein Idealhang über 800 Hm, verspricht besonders im Frühjahr genußvolles Schwingen im Firn.
Die Route: Ab Weißbach die Hirschbichlstraße östlich hinauf bis ins Hintertal (980 m), bis in die enge Kurve, wo der von Osten herabführende Weißbach überschritten wird. Hier beginnt der Aufstieg, zunächst im Bachgrund, später eine Forststraße durch die Waldregion, schließlich über den freien Westhang auf den Gipfel.

Ebersbergkar mit Birnhorn, 2634 m

Ausgangshöhe	Aufstieg	Zeit	Hangrichtung
660 m	2000 m	6 Std.	Nordost

Allgemeines: Am zu überwindenden Höhenunterschied von 2000 m erkennt man bereits, was einen erwartet: eine große Waldstufe, endlose, freie Kare, schließlich der große Felsaufbau des Gipfels, der in leichter Kletterei nochmals 1 bis 2 Std. Zeit kostet. Eine der großzügigsten, aber auch längsten Touren dieses Buches! Am besten im Frühjahr bei Firn. Die meisten Skibergsteiger begnügen sich allerdings mit der Scharte 200 m unterhalb des Gipfels.
Die Route: Von unserem Gasthaus nach Süden quer über die Wiesen und über die Brücke über die Saalach, dann die Forststraße hinauf. Bezeichnungen und Schilder lauten manchmal „Nebelsbergkar", manchmal „Ebersbergkar". Die Jagdhütte Ebersberg wird nach 2 Std. erreicht. Jetzt wird das Kar weit und frei; man hält sich in seinem linken Bereich (östlich, auch die Abfahrt legt man möglichst weit östlich an) bis zum Kuchelnieder (2434 m, auf der Karte bezeichnet). Hier ist das Skidepot. Wer Lust und Kondition hat, geht noch über Bänder und Felsriegel nach Süden auf das Birnhorn, den höchsten Gipfel der Leoganger Steinberge.

Loferer Skihörndl, 2286 m

Ausgangshöhe	Aufstieg	Zeit	Hangrichtung
630 m	1600 m	4 Std.	Nordost

Allgemeines: Ein „Modeberg", aber eine lange Tour, die bis in den Mai hinein sehr oft gemacht wird. Fast die gesamte Tour ist von Lofer aus und von der Autostraße einsehbar. Die (nur im Sommer geöffnete) Schmidt-Zabierow-Hütte, die man ebenfalls hoch oben rechts im Kar liegen sieht, wird nicht berührt, sondern der Aufstieg verläuft links von ihr.
Die Route: Durch den Ort Lofer in Richtung Paß Strub hindurch; bei den letzten Häusern auf einer Fahrstraße nach links ins Loferer Hochtal. Wenig später muß man den Wagen stehen lassen und zu Fuß weiter. Zunächst durch Wald und Gebüsch und meist steil durch einen der Schneegräben hindurch. Man erreicht die „Große Wehrgrube", hält sich weiter links aufwärts und erreicht den Sattel südlich des Skihörndls und dieses selbst mit Skiern von Süden. Eine großartige Firnabfahrt beschließt diese schöne Tour!

Selbhorn, 2655 m

Ausgangshöhe	Aufstieg	Zeit	Hangrichtung
900 m	1750 m	5 Std.	Süd

Allgemeines: Das Selbhorn, zwei Meter höher als die von vielen irrtümlich als höchster Gipfel des Steinernen Meeres bezeichnete Schönfeldspitze, stellt eine lange, hochalpine Firntour im Frühjahr dar.
Die Route: Man fährt mit dem Auto über Saalfelden nach Maria Alm, durch den Ort noch 2,5 km, wenn man Glück hat, bis zum E-Werk Rohrmoos. Der Weg führt dann weiter durch Wald den Krallerbach hinauf, weiter oben durch den Zinkgraben und schließlich nach Osten bis an die Felsen

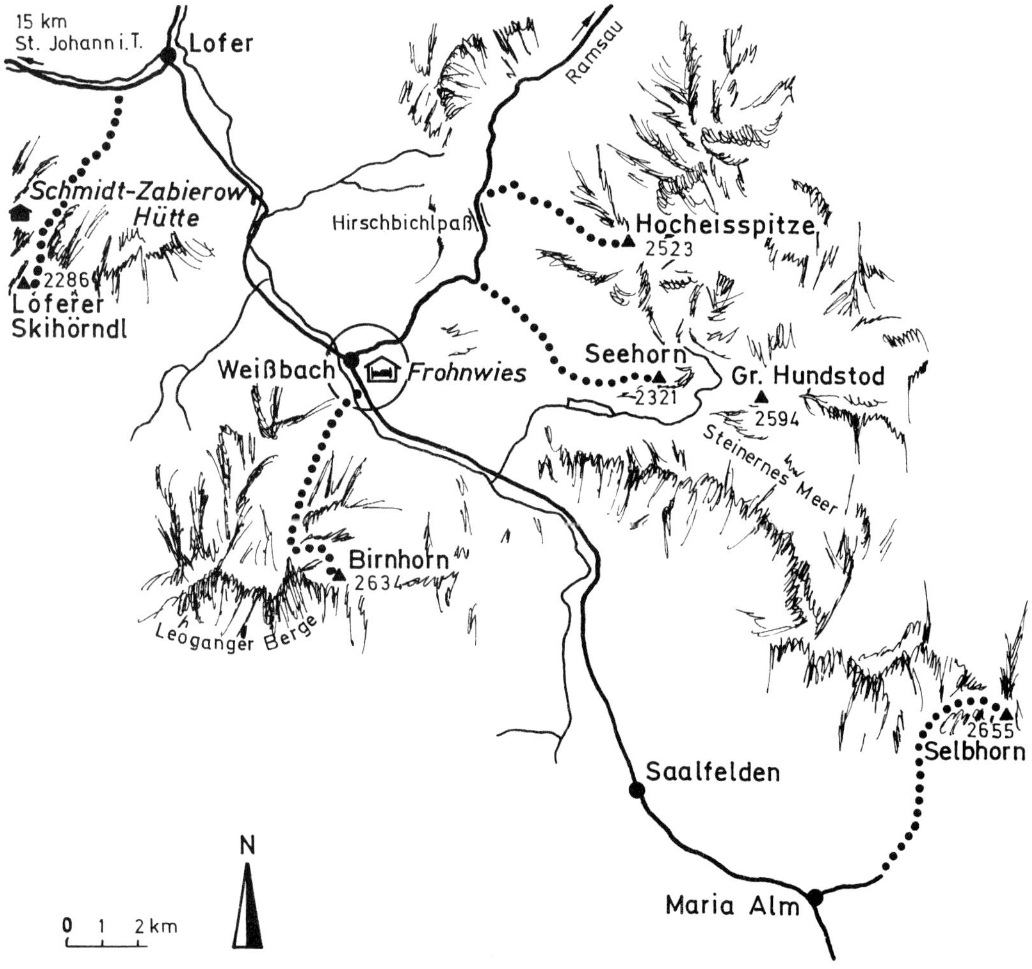

des Gipfelaufbaus (in der amtlichen bayerischen Karte „Berchtesgadener Alpen“ dort, wo das Wort „Hochkempen“ steht). Die letzte halbe Stunde in leichter Kletterei zu Fuß auf den Gipfel. Man vergesse nicht, daß man für die Riesenabfahrt über fast 1800 Hm bei wechselndem Schnee noch viel Kraft braucht!

Hocheisspitze, 2523 m

Ausgangshöhe	Aufstieg	Zeit	Hangrichtung
1150 m	1370 m	4 bis 5 Std.	Nordwest

Allgemeines: Eine der schönsten und (besonders im Mai) am häufigsten besuchten Touren der Berchtesgadener Alpen, sowohl von Norden (aus der Ramsau und durch das lange Tal vom Hintersee zum Hirschbichlpaß – man begeht zwar die Forststraße, aber hier besteht ein Fahrverbot!) als auch von Westen, aus dem Saalachtal über die Fahrstraße zum Hirschbichlpaß. Eine großzügige Firntour durch das 1000-Hm-Kar.

Die Route: Vom Hirschbichlpaß (von Weißbach knapp 5 km) jenseits nach Osten etwas hinab, aber so bald wie möglich zur Mittereisalm durch Wald aufsteigen (½ Std.). Von hier aus ¾ Std. steil empor zu den verfallenen Hocheisalmen und dann das schier endlose Hocheiskar hinauf und mit Skiern in die Scharte rechts vom Gipfel und auf den Gipfel. Großartige Aussicht auf Watzmann und fast alle Gipfel des Steinernen Meeres, auf die Hohe Tauern und ins bayerische Alpenvorland.

Nicht nur Steilkare, auch sanfte Formen bieten die Loferer für Skibergsteiger. Zum Beispiel im Bereich der Loferer Alm, die allerdings in letzter Zeit durch Lifts erschlossen wurde, finden Tourenfahrer noch immer genügend Tiefschnee.

Der Großvenediger und seine Nachbarn

Das gewaltige Massiv des Großen Geiger, ein Gipfel, der zuletzt recht steil (gelegentlich nur mit Steigeisen) von Süden für Skifahrer zugänglich ist.

Die Postalm als Bergsteiger-Stützpunkt

Alpengasthof Postalm
Sulzau 66
A-5741 Neukirchen
am Großvenediger
Land Salzburg, Hohe Tauern
Leitung: E. und T. Pichler
Tel. (06565) 6520
D: (0043-6565) 6520

Öffnungs-/Ruhezeiten: Geschlossen von Mitte Oktober bis etwa Mitte März
Preiskategorie: III
Anzahl der Skitouren: 4
Lage des Hauses: In 1700 m Höhe im Obersulzbachtal
Zufahrt: Über Kitzbühel/Tirol–Paß Thurn–Mittersill, dann Richtung Gerlos, Ausfahrt Neukirchen/Obersulzbachtal. Oder über das Zillertal–Gerlospaß, Richtung Mittersill, Ausfahrt Neukirchen/Obersulzbachtal. Von dort 7 km bis zum Parkplatz Hopffeldboden (Schranke). Im Hochwinter nur bis zum Parkplatz Steinbruch möglich. Je nach Schneelage wäre auch eine Zufahrt zur Postalm direkt oder in die Nähe möglich durch ein Taxi (Bestellung über den Wirt der Postalm, Tel. 06565/6520)
Die Postalm ist der einzige Stützpunkt dieses Buches ohne direkte Zufahrt mit dem eigenen Pkw
Zimmer: 18 Betten in Doppel- und Dreibettzimmern mit Elektroheizung, 15 Lager, Dusche für länger bleibende Gäste
Essen im Haus: Ja
Frühstückszeit: Ab 5.00 Uhr früh
Einkaufsmöglichkeit für Proviant: Im Tal in Neukirchen, 15 km entfernt
Parkplatz: Nur für Haus-Taxi
Garage: Nein
Schneeketten für Zufahrt: Zum (obersten) Parkplatz Hopffeldboden ratsam
Skiraum: Ja

Anreise mit öffentlichen Verkehrsmitteln: Bahnstation Rosenthal/Neukirchen, dann mit Taxi (Bestellung beim Wirt Postalm) 12 km bis Postalm oder so weit als möglich

Andere Sportmöglichkeiten: Keine
Wer weiß im Haus über Skitouren Bescheid: Der Wirt, Herr Pichler

Blick in die Speisenkarte, Spezialitäten:
Die gastronomischen Bräuche sind in dieser Höhe noch ein wenig anders als in den Talgasthöfen! Das selbst mitgebrachte Frühstück kann verzehrt werden, es gibt dazu Teewasser. Ein Frühstück gibt's aber auch auf Bestellung – die Wirtsleute freut's, den Rucksack erleichtert's bei 2½ Std. Anmarschweg. Für den Riesenhunger nach der Tour kocht der Wirt in seiner großen, sauberen Küche gut auf: Suppen und Fleischspeisen vom Wiener Schnitzel bis zum Rindsgulasch, während sich die Wirtin um die Süßspeisen kümmert: die vorzüglichen Palatschinken hängen gut und gern jeweils 5 cm über den Tellerrand und die Sachertorte würde mancher Konditorei zur Ehre gereichen.

Aus meinem Notizbuch:
Wenn man die gemütliche, holzgetäfelte Stube betritt, fallen die beiden großen gerahmten Bilder an der Wand ins Auge. Sie zeigen das Gründerehepaar des Jahres 1928, so lange ist die Postalm in Familienbesitz. Die Postalm gehörte zum früheren Gasthof Post in Neukirchen, daher der Name. 1935 wurde vergrößert und vor 5 Jahren übernahmen die „Jungen" die Bewirtung. Seit 1980 hat die Postalm aus dem eigenen Wasserkraftwerk den elektrischen Strom. Von der Südterrasse schaut man dann stolz auf die weiten baumlosen Hänge seiner Tourenspur zur Schlieferspitz.

Der Großvenediger, fünfthöchster Gipfel Österreichs, bereits im Jahr 1841 zum ersten Mal bestiegen, ist einer der beliebtesten und ersehntesten Skigipfel überhaupt. Bereits im Dezember des Jahres 1900 standen die ersten Skifahrer auf seinem Haupt, und jetzt dürften es jeden Winter rund tausend Bergsteiger sein, die ihn entweder über seinen klassischen Zustieg durch das Obersulzbachtal oder von Innergschlöß bzw. Prägraten auf der rassigeren Osttiroler Seite besteigen.
Die Venedigergruppe ist mit zehn Alpenvereinshütten von allen Himmelsrichtungen her gut erschlossen. Mehr als drei Dutzend Dreitausender lassen sich besteigen, ein Drittel davon auch im Winter, während im Sommer vor allem die Mineraliensammler zu Hunderten ausschwärmen und im Habachtal fündig werden.
Für den Pistenskilauf ist die Venedigergruppe fast gar nicht erschlossen. Der Ort Neukirchen am Großvenediger hat seine Lifts und Bahnen im Wildkogelgebiet (in den Kitzbüheler Bergen). Ein paar kleine Lifts im Bereich des Felbertauern-Südausganges und im Virgental – die große geplante Erschließung der Venedigergletscher auf der Südseite ist Gott sei Dank nicht gekommen und wird sich verhindern lassen, zumal der größte Teil des Venedigergebietes Naturschutzgebiet ist und große Teile der Hochflächen südlich des Hauptkammes Eigentum des Alpenvereins sind. So bleibt also dieser Teil der Hohen Tauern dem Tourenskifahrer reserviert.
Wir wählen für einen Mehrtagesstützpunkt nicht die vor vier Jahren renovierte und gut ausgebaute Kürsingerhütte, sondern das 800 m und 2½ Aufstiegsstunden tiefer gelegene Gasthaus Postalm. Die Schlieferspitze läßt sich nämlich von beiden Häusern gleich gut machen, zum Keeskogel sind es (über die Kürsingerhütte) von der Postalm 4½ Std.; zum Großen Geiger 4½ Std., von der Kürsingerhütte nur 1 Std. weniger, weil man erst einmal 300 Hm auf das Obersulzbachkees abfahren muß. Der Großvenediger freilich dauert von der Postalm im Aufstieg 6 Std. – lange und krönende Abschlußtour einer Skisaison!

Schlieferspitze, 3289 m

Ausgangshöhe	Aufstieg	Zeit	Hangrichtung
1700 m	1600 m	4 Std.	Ost

Allgemeines: Die schönste Skitour dieses Gebietes (skifahrerisch schöner als der Großvenediger), über lange, weite Hänge ohne Flachstücke. Nur bei sicherer Schneelage!
Die Route: Von der Postalm 1 Std. taleinwärts in den Unteren Keesboden, dann nach Westen über gleichmäßig steile Hänge hinauf zum Östlichen Sonntagskees; die letzten 15 Min. meist zu Fuß auf den Gipfel.

Keeskogel, 3291 m

Ausgangshöhe	Aufstieg	Zeit	Hangrichtung
1700 m	1600 m	4½ Std.	Süd

Allgemeines: Das ist der Hausberg der Kürsingerhütte mit einfachem und meist gespurtem Aufstieg.
Die Route: Von der Postalm den meist gespurten Winterweg zur Kürsingerhütte (2550 m, 2½ Std.), dann nach Nordosten aufwärts ins Keeskar und über die Schulter links vom Gipfel auf diesem (zuletzt zu Fuß) hinauf. Großartige Aussicht auf alle Gipfel und Routen dieses Gebietes!

Großer Geiger, 3360 m

Ausgangshöhe	Aufstieg	Zeit	Hangrichtung
1700 m	1600 m	4½ Std.	Nord

Allgemeines: Ein schöner Felsgipfel, von der Postalm und aus dem Obersulzbachtal stets gut zu sehen, häufig bestiegen, sowohl von der Nordseite, als auch von Süden, von der Essen-Rostocker-Hütte. Der Gipfel selbst wird auf der Südseite erstiegen, ist steil und erfordert gelegentlich Pickel und Steigeisen!
Die Route: In den Oberen Keesboden und zur Türkischen Zeltstadt (vor 60 Jahren ein imposanter Gletscherbruch, heute harmloser Beginn des Obersulzbachgletschers). Jetzt nach Süden (die Kürsingerhütte bleibt 300 Hm oberhalb links liegen) und den Spaltenzonen ausweichend zum Geigerschartl. Hier muß das letzte Steilstück zu Fuß gegangen werden. Jenseits in den Südhang hineinqueren und steil von Südwesten auf den Gipfel.

Diese Gruppe steht direkt vor der Nordwand des Großvenedigers. Das Obersulzbach- (und später das Untersulzbach)kees ist recht flach und bietet bei schlechtem Schnee zuwenig Gefälle für eine zügige Abfahrt.

Großvenediger, 3674 m

Ausgangshöhe	Aufstieg	Zeit	Hangrichtung
1700 m	2000 m	6 Std.	Nord

Allgemeines: Der Aufstieg auf den höchsten Gipfel des Salzburger Landes ist landschaftlich großartig, wenngleich die Abfahrt (wegen der weiten, flachen Passagen) eher langweilig ist (bei schlechtem Schnee muß geschoben werden). Spaltenzone unterhalb der Venedigerscharte; bei schlechter Sicht Orientierungsprobleme!
Die Route: Von der Postalm zum Oberen Keesboden, zur Türkischen Zeltstadt und unterhalb der Kürsingerhütte vorbei auf das Obersulzbachkees (links halten!) in Richtung Schwarzes Hörndl und dann in weitem Rechtsbogen zur Venedigerscharte. Aus ihr über den gleichmäßig geneigten Ostrücken auf den Gipfel dieses berühmten Ski- und Aussichtsberges.

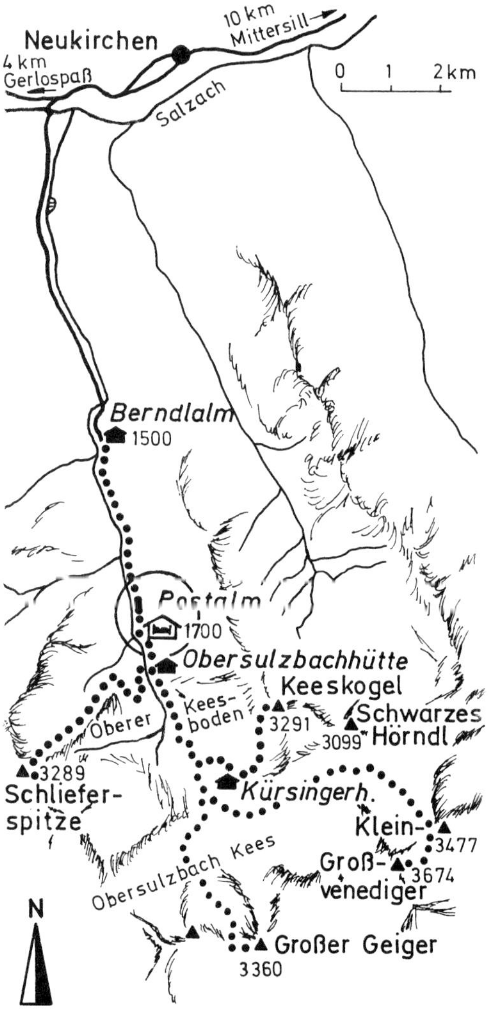

Der Ankogel ist eine Reise wert

Böckstein im Gasteiner Tal bietet vieles

Kur- und Sporthotel Rader
A-5645 Böckstein 1
Gasteiner Tal, Land Salzburg
Leitung: Josef und Gertrude Jeroucic
Tel. (06434) 2405
D: (0043-6434) 2405

Öffnungs-/Ruhezeiten: Geschlossen im November
Preiskategorie: II
Anzahl der Skitouren: 3
Lage des Hauses: In 1200 m Höhe in Altböckstein im Zentrum
Zufahrt: Über Badgastein in Richtung Sportgastein. Am südlichen Ortsende von Böckstein über die Brücke rechts
Zimmer: 50 Betten in Ein- und Doppelzimmern, alle mit Dusche/WC; Zentralheizung
Essen im Haus: Ja
Frühstückszeit: Ab 7.30 Uhr oder nach Vereinbarung
Einkaufsmöglichkeit für Proviant: Im Ort
Parkplatz: Am Haus
Garage: Nein
Schneeketten für Zufahrt: Zum Haus nein, für Tourenzufahrt ratsam
Skiraum: Skiständer im Gang
Anreise mit öffentlichen Verkehrsmitteln: Bahnstation Badgastein, dann mit Bus vor das Haus, oder Taxi 4 km ab Bahnstation
Andere Sportmöglichkeiten: Langlaufen, Eisstockschießen, alpin Skifahren in den nahegelegenen Skizentren, Eislaufen, Hallentennis
Wer weiß im Haus über Skitouren Bescheid: Niemand, jedoch Auskunft erteilt Berg- und Skiführer Lois Kravanja, Tel. (06434) 2941

Blick in die Speisenkarte, Spezialitäten:
Die Standardkarte ist ziemlich umfangreich, und da gibt es außerdem noch an Tafeln angeschriebene Tagesspezialitäten und täglich 2 Menüs. Wild- und Fischspezialitäten und eine ganze Litanei Fleischgerichte sind geboten, kleine Speisen, wie zum Beispiel Wurstnudeln oder geröstete Knödel, zum Dessert Salzburger Nockerl. Für mich persönlich eine zu große Auswahl, aber die Geschmäcker sind verschieden! Die Nähe von Badgastein bewirkt wohl ein verpflichtendes Angebot dieser Bandbreite.

Aus meinem Notizbuch:
Das altehrwürdige Rader wurde ursprünglich um 1780 als Kloster erbaut. Vor dem Haus ist der Kurpark mit dem ältesten Brunnen Europas (leider im Winter eingehüllt). Die Anlage um das Haus Rader hat eine eigenwillige Prägung aus der Goldgräberzeit, vor etwa 150 Jahren, fast ein wenig kulissenhaft. Direkt am Haus hält der Bus zum Heilstollen nach Badgastein. Der Gastraum ist gemütlich eingerichtet und wenn man durch die hohen Fenster hinausschaut, meint man, es müßte doch jemand aus alten Zeiten um die Ecke kommen.

Weitere Unterkunftsmöglichkeiten:
1. Landhaus Kremser, A-5645 Böckstein, Kaiserin-Elisabeth-Promenade 9, Leitung: H. und S. Kremser, Tel. (06434) 2966. 8 Betten. Unmittelbare Nähe von Haus Rader.
2. Frühstückspension Landhaus Riepler, A-5645 Böckstein 432 (zwei gegenüberliegende Häuser), Tel. (06434) 3305. 40 Betten in Ein- bis Dreibettzimmern, mit Bad oder Dusche/WC. An der Hauptstraße.

Das 35 km lange Gasteiner Tal ist das größte Nordtal der Tauern. Viermal Gastein: Dorfgastein, Hofgastein, Badgastein und Sportgastein ganz hinten im Tal – und kurz voher der Ort Böckstein, 1100 m hoch gelegen. Das kleine Böckstein ist somit Nutznießer der 54 Lifts und Bahnanlagen und der 250 Pistenkilometer des Gasteiner Tales, aber auch seiner Bad- und Heilerfolge; wirbt Badgastein mit seinen 18 radioaktiven Thermalquellen, so hat Böckstein immerhin seinen Thermalstollen: 4,5 km lang, seit 1953 erschlossen, und die Stolleneinfahrten (sie dauern 1½ Std. und sollen 10 bis 15mal wiederholt werden) versprechen Heilung insbesondere bei Rheuma, Asthma, Arthrosen und Durchblutungsstörungen.
Dem Skifahrer bietet Böckstein 270 Betten in Hotels und Gasthäusern sowie 170 Betten in Privatzimmern. Lifts stehen (außer in den drei Gasteinorten) nur im 5 km entfernten Sportgastein zur Verfügung: auf den fast 2700 m hohen Kreuzkogel, der auf seiner Nordseite eine Tiefschneeabfahrt bis hinunter nach Böckstein bietet. Eine Loipe von 5 km führt nach Badgastein und oben im 1600 m hoch gelegenen Sportgastein gibt es mehrere Rundkurse. Daß die Erschließung des 3122 m hohen Scharecks durch eine Bahnanlage längst geplant ist, sollte ein Grund mehr sein, bald herzukommen, bevor der Pistenrummel allzu groß wird!
Wir wählen den kleinen, aber gemütlichen Skiort Böckstein als Standort für vier Skitouren: für den Anfang der Kreuzkogel, dessen Aufstieg zwar durch Lifts erschlossen, dessen Tiefschneeabfahrt nach Norden aber gerade richtig zum Einstimmen ist; die Tour auf den Vorderen Gesselkopf über die Hagener Hütte ist dafür recht einsam, aber allein der Aufstieg zur (im Winter geschlossenen) Hagener Hütte und die Abfahrt zurück nach Sportgastein lohnen sich, das Säuleck ist eine 5-Std.-Tour, und schließlich der Ankogel mit der berühmten Abfahrt durch das Anlauftal – die vielleicht schönste Abfahrt im Salzburger Land!

Ankogel, 3250 m

Ausgangshöhe	Aufstieg	Zeit	Hangrichtung
2626 m	650 m	2½ Std.	West

Allgemeines: Ein stolzer Gipfel, wobei die letzte Aufstiegsstunde über den felsigen Südgrat auf den Gipfel nicht einfach ist. Die Abfahrt durch das Anlauftal zurück nach Böckstein zählt zu den schönsten im Ostalpenraum!

Die Route: Wir lassen heute das Auto stehen und benützen den Zug von Böckstein nach Mallnitz – wegen der starken Benutzung der Autoverladeeinrichtung verkehrt er fast stündlich. Vom Bahnhof Mallnitz fährt man mit Bus oder Taxi die 3,5 km bis zur Ankogelbahn-Talstation. Die Bahn führt bis unterhalb des Hannoverhauses (im Winter geschlossen!). Der Aufstieg beginnt mit kurzer Abfahrt nach Osten, bis an den Fuß des großen Sporns. Hier werden die Felle angeschnallt, der Weg führt uns das kleine Lassachkees hinauf auf die Radeckscharte (hier beginnt dann die Abfahrt nach Norden!) und auf den Kleinen Ankogel (3090 m). Irgendwo unterhalb hat man die Skier zurückgelassen und steigt jetzt über den Blockgrat zum Gipfel – allerdings nur bei guten Verhältnissen und für Geübte (evtl. Seil mitnehmen).

Die Abfahrt von der Radeckscharte ist oben zunächst sehr steil und soll weder bei viel Neuschnee noch bei Vereisung gemacht werden. Man erreicht über großzügige, weite Hänge die Radeckalm, wechselt dann über den Anlaufbach und fährt den Rest nördlich vom Bach über Ziehwege hinaus bis zum Bahnhof Böckstein.

Besonders bei Firn eine großartige, alpine Tour, richtig für den Ausklang einer Skisaison geeignet. Die Blicke zurück zur Radeckscharte und zum Ankogel bieten ständig schöne Fotomotive!

Vorderer Gesselkopf, 2974 m

Ausgangshöhe	Aufstieg	Zeit	Hangrichtung
1600 m	1400 m	4 Std.	Nord

Allgemeines: Der Vordere Gesselkopf ist der östliche Eckpfeiler in dem Kamm, der vom Sonnblick über das Schareck nach Osten, bis zum Ankogel zieht. Eine Tour für sichere Frühjahrsfirnverhältnisse, der Hausberg der Hagener Hütte (die aber nur im Sommer geöffnet ist).

Die Route: Von Böckstein mit Linienbus oder Taxi nach Sportgastein (1600 m). Hier auf der gespurten Loipe 2 km taleinwärts nach Süden bis an das Ende des flachen Bodens. Dann nach links (Osten) entweder in der steilen Mulde hinauf oder auch an deren Begrenzungsrippe und durch das Eselkar zur Hagener Hütte (2446 m, 2 Std.). Jetzt nach Westen, zunächst flach, dann

steiler auf den Grat hinauf, aber dann in die Hänge nach Norden ausweichen und auf den Nordwestgrat des Vorderen Gesselkopfes, den man dann von Nordwesten zu Fuß erreicht.

Säuleck, 3086 m

Ausgangshöhe	Aufstieg	Zeit	Hangrichtung
1400 m	1700 m	5 Std.	Süd und West

Allgemeines: Diese Tour liegt zur Gänze südlich des Alpenhauptkammes und sprengt deshalb eigentlich den Rahmen dieses Buches, gehört jedoch zum Soll jedes Skibergsteigers, der die Ankogelgruppe besucht. Durch Übernachtung im Arthur-von-Schmid-Haus (2272 m, Öffnung aber nur über Ostern oder Pfingsten, unten erfragen!) kann sie als bequemes 2-Tages-Unternehmen durchgeführt werden.

Die Route: Vom Bahnhof Mallnitz sofort die kleine Fahrstraße ins Dösental, mit Auto oder Taxi in einigen Kehren hinauf bis zum Gasthaus Säuleck und evtl. noch ein paar hundert Meter weiter. Dann den Fußweg zum Arthur-von-Schmid-Haus (3 Std.) und über den Dösener See nach Osten bis knapp unter die Mallnitzer Scharte. Hier nach Norden und über den steilen Schlußhang auf den Gipfel. Großartige Rundsicht auf Ankogel und Hochalmspitze!

Links: die Abfahrt durch das Anlauftal, die man fast in ihrer ganzen Länge bis zum Bahnhof Böckstein einsehen kann.
Rechts: das Arthur-von-Schmid-Haus, Zwischenstation bei der Säuleck-Besteigung oder ein schöner Platz für eine Rast.

Goldgräberdorf Rauris

Diese Skifahrergruppe hat den mehrstündigen Anstieg auf den Hocharn bald geschafft – kleine Ameisen am großen Berg!

Sonnblick, Schareck, Hocharn und andere

Ammererhof
Hoher Tauernhof
Kolm-Saigurn
A-5661 Rauris
Land Salzburg
Leitung: Luise Tomasek
Tel. (06544) 8112 oder 224
D: (0043-6544) 8112 oder 224

Öffnungs-/Ruhezeiten: 1. März bis 1. November geöffnet
Preiskategorie: III
Anzahl der Skitouren: 6
Lage des Hauses: In 1650 m Höhe im Talende auf einer Anhöhe und mit Blick auf den Gletscher
Zufahrt: Zell am See–Taxenbach–Rauris. Ab etwa Ende Mai ist die nur teilweise geteerte schmale Zufahrtsstraße offen. Die übrige Zeit steht auf Bestellung ein Raupenfahrzeug ab Bodenhaus (1236 m) zur Verfügung. Anmeldung bzw. Anruf bitte aus Rauris, damit Fahrzeug entgegenkommt, Rufnummer Ammererhof, siehe oben.
Zimmer: 1 Einzelzimmer, 5 Doppelzimmer, 5 Dreibettzimmer, 1 Vierbettzimmer, alle Zimmer sind beheizt, teilweise mit Kachelofen. 18 Matratzenlager (in kleine Räume unterteilt, holzvertäfelt); Etagendusche, Etagenbad
Essen im Haus: Ja
Frühstückszeit: Ab 4.00 Uhr
Einkaufsmöglichkeit für Proviant: In Rauris
Parkplatz: Vor dem Haus, bei Raupenfahrzeugabholung: Am Bodenhaus
Garage: Nein
Schneeketten für Zufahrt: Ja
Skiraum: Ja
Anreise mit öffentlichen Verkehrsmitteln: Bahnstation Zell am See oder Taxenbach oder Rauris; bis Bodenhaus mit Taxi, ab Bodenhaus Raupenfahrzeug (bitte Anruf). Der Postbus verkehrt nur vom 22.6. bis 27.9. bis Kolm-Saigurn.
Andere Sportmöglichkeiten:
Kleine Loipe

Wer weiß im Haus über Skitouren Bescheid: Die Wirtin vermittelt Auskunft

Blick in die Speisenkarte, Spezialitäten:
Auch die Naturköstler haben im Ammererhof ihre Bastion. Das Müsli für einen ausgiebigen Kräftevorrat ist hier zu haben, ohne daß man den „Sonderlingen" zugeordnet wird. Aber auch das übliche Frühstück oder die Zusammenstellung nach Wunsch bringt die Wirtin nicht in Verlegenheit. Hausmannskost und Tiroler Spezialitäten, wie Specknocken oder Tiroler Geröstl zum Beispiel, kommen ebenso vom Herd wie eine hausgemachte Kartoffelsuppe, Frittatensuppe aus selbstgebackenen Pfannkuchen (das ist selten geworden!), ein Bergsteigeressen. Oder die von mir so geschätzten Gerichte der österreichischen Naturküche, mit zum Beispiel Rohkostteller oder Buchweizenomelett belegt, sind geboten.

Aus meinem Notizbuch:
Wer lieber Bergsteigerluft statt feinen Komfort um die Nase hat, der sitzt in diesem seit 1897 aus der Goldgräberzeit bestehenden Haus goldrichtig. Die Einrichtung ist bäuerlich. In der holzgetäfelten Stube pappt man ziemlich fest nach einem anstrengenden Tourentag. Ist nicht eine gelungene Skitour ein bisserl Gold wert?
Weitere Unterkunftsmöglichkeit:
Naturfreundehaus, Kolm-Saigurn, A-5661 Rauris, Pächter: Toni Wallner, Tel. (06544) 8103. 100 Schlafplätze, in nächster Nähe des Ammererhofes, ganzjährig geöffnet, ebenfalls Zubringerfahrten für Gäste mit Raupenfahrzeug.

Goldberggruppe – ein geheimnisvoller Name für einen Teil der Hohen Tauern, der zwischen der Glockner- und der Ankogelgruppe liegt, aber einige Skigipfel bietet, die zu den schönsten der Ostalpen zählen! Bis zum Ersten Weltkrieg wurden hier Gold und andere Edelmetalle abgebaut wie auch stellenweise in den Kitzbüheler Bergen und um Gastein. Heute sollen die Touristen das Gold bringen, und im Sommer ist das gesamte Rauriser Tal ein stark besuchtes Fremdengebiet. Im Frühjahr freilich sind es nur ein paar hundert Skibergsteiger, die die Dreitausender Hocharn (Hauptgipfel), Sonnblick und Schareck besteigen, seltener Goldbergspitze, Baumbach- oder Herzog-Ernst-Spitze; aber auch Kolmkarspitze oder Seekopf bieten lohnende Westabfahrten, so daß man eigentlich eine ganze Woche in diesem Tourengebiet verbringen kann und sich je nach Hang-, Schnee- oder Konditionslage eine Prachtabfahrt nach der anderen heraussuchen kann!
Im Mittelalter haben hier Tausende von Bergleuten gearbeitet. Das 200 Jahre alte Naturfreundehaus in Kolm Saigurn, aber auch Mauerreste verschiedener anderer Gebäude, Gesteinshalden und Weganlagen (im Sommer besser zu erkennen als im Winter) bezeugen das. Daher sind alle Gipfel schon sehr früh – zu Beginn des vorigen Jahrhunderts – zum ersten Mal erstiegen worden, aber man kennt nicht einmal die Namen der Erstersteiger. 1885 wurde auf dem Sonnblick durch den Bergwerkseigentümer Ignaz Rojacher und den Münchner Geologieprofessor Karl Alfred von Zittel eine Wetterwarte gebaut mit Unterkunft für Bergsteiger, die schon zehn Jahre später über 3500 Bergsteiger beherbergt hat! Ein Gebiet mit Tradition also, dessen Beliebtheit auch jetzt noch von Jahr zu Jahr ansteigt. Das Naturfreundehaus (mit 100 Schlafplätzen) und der von uns empfohlene Ammererhof (70 Plätze) sind denn auch den ganzen Winter hindurch bewirtschaftet. Für den leichten Zugang ab Bodenhaus (1236 m) sorgen Schneeraupen, die von Jahr zu Jahr mehr Skibergsteiger in diesen großartigen Talkessel mit seinen anspruchsvollen Skitouren bringen.

Hocharn, 3254 m

Ausgangshöhe	Aufstieg	Zeit	Hangrichtung
1600 m	1600 m	5 bis 6 Std.	Ost und Südost

Allgemeines: Die Bezeichnung dieses höchsten Gipfels unseres Massivs lautete früher auch Hochhorn oder Hochnarr; seine erste Besteigung erfolgte 1779. Die Besteigung ist technisch nicht schwierig, sie verlangt aber lawinensichere Verhältnisse (Osthänge, von der Morgensonne rasch erwärmt!) und gute Kondition, da sie durchwegs steil ist und erst im oberen Viertel, im Bereich des spaltenfreien und ungefährlichen Hocharngletschers, ein etwas leichteres Atemholen ermöglicht. Früher Aufbruch ist empfehlenswert; wegen der großen Höhendifferenz ist kaum mit gleichbleibenden Schneeverhältnissen zu rechnen.
Die Route: Von unserem Stützpunkt flach nach Westen bis in den Talschluß hinein. Über die erste Steilstufe hinauf, dann über die am stärksten ausgeaperten Rippen die Flanke hinauf, sehr steil auf den Gletscher und oben, im Gipfelbereich, entweder rechts haltend und über den Nordostgrat oder aber in großer Linksschleife schließlich von Süden auf den flachen Gipfel. Wegen des weitläufigen Geländes ist gute Sicht unbedingt Voraussetzung. Die Abfahrt erfolgt am besten entlang der Aufstiegsspur.

Schareck, 3122 m

Ausgangshöhe	Aufstieg	Zeit	Hangrichtung
1600 m	1500 m	5 Std.	West und Nordwest

Allgemeines: Ein technisch einfacher Gipfel; der flache Gletschergipfel soll seit Jahren von der Südseite her für den „Sommerskilauf" erschlossen werden; seine gleichmäßig geneigte Westflanke (Wurtenkees), seine ab der Fraganter Scharte steilen Nordwesthänge und schließlich der enge und noch steilere Maschingraben sind skifahrerische Leckerbissen bis weit in den Mai hinein. Die 2175 m hoch gelegene Neubauhütte kann als Stützpunkt für den Aufstieg und auch für die Abfahrt zum Einkehren benützt werden.
Die Route: Von unserem Stützpunkt nach Süden, zur vom Tal aus sichtbaren Neubauhütte steil hinauf. Dann in den flachen Talboden hinein und nach Osten haltend zur Fraganter Scharte (2753 m). Drüben steil auf den Gletscher hinab, diesen flach nach Süden queren und in weitem Linksbogen flach auf den Gipfel. Bei der Abfahrt hält man sich ab der Fraganter Scharte direkt in Richtung Neubauhütte, läßt diese rechts liegen und schwingt den steilen Graben bis nach Kolm Saigurn hinab.

Sonnblick, 3105 m

Ausgangshöhe	Aufstieg	Zeit	Hangrichtung
1600 m	1500 m	5 Std.	Nordost

Allgemeines: Von unserem Stützpunkt aus führen die Drahtseile des Materialaufzuges direkt zum Gipfelhaus auf dem Sonnblick, der von dieser Seite aus steil

HOT
HEAD
HOT
HEAD

Kreuzköpfl, 2095 m

Ausgangshöhe	Aufstieg	Zeit	Hangrichtung
1180 m	900 m	2½ Std.	Nordwest

Allgemeines: Kürzeste Tour von Fusch, interessante Aussicht auf das gesamte Tal und den Großglockner.
Die Route: Direkt im Ort Fusch zweigt die Straße nach Bad Fusch ab: eine schmale, aber geteerte Straße, die immer geräumt wird. Diese hinauf bis zur Ruine des alten, großen Hotels. Kurz vor der Brücke zweigt der Weg nach Norden ab: über den Zaun steil hinauf bis zur Forststraße, entweder diese (flacher) hinauf oder über steile Wiesen an einer Wildfütterung vorbei zum Kasereck (1189 m). Von hier aus den breiten, freien Rücken östlich hinauf zum Gipfel. Die Abfahrt wählt man besser über den Nordwestrücken, über Guteben und Entalalm zurück nach Fusch.

Schwarzkopf, 2764 m

Ausgangshöhe	Aufstieg	Zeit	Hangrichtung
1180 m	1600 m	4 bis 5 Std.	Nord

Allgemeines: Interessante, teilweise steile und anspruchsvolle Skitour.
Die Route: Nach Bad Fusch, aber am verfallenen Hotel vorbei zur Kapelle, anschließend Parkmöglichkeit. Jetzt zuerst den breiten Almweg weiter, den man aber bald darauf verläßt und zur Embachalm aufsteigt. Dann durch Wald hinauf zur Riegerhochalm (verfallen) und über einen Graben in die Grünbachscharte. Dann in ¾ Std. über den Grat nach Südosten auf den Gipfel. Großartige Aussicht auf die Gipfel des Glocknermassivs, auf Dachstein und Kaisergebirge.

Zwingspitz, 2810 m

Ausgangshöhe	Aufstieg	Zeit	Hangrichtung
900 m	1900 m	5 Std.	Nordwest

Allgemeines: Lange, anstrengende, aber interessante Tour.
Die Route: Von Fusch 2 km auf der Straße nach Süden und in zwei Kehren hinauf zum Wimmgut (Landwirtschaftsschule). Hier die Forststraße hinauf zum Einlauf des Kraftwerks, dann zur Schmalzgrubenalm und durch das Schmalzgrubenkar von Osten auf den Gipfel.

Imbachhorn, 2470 m

Ausgangshöhe	Aufstieg	Zeit	Hangrichtung
850 m	1600 m	5 Std.	Nordost

Allgemeines: Das Imbachhorn ist einer der schönsten und beherrschenden Gipfel, die sich über Zell am See aufbauen, wenn man sich dem Ort von Norden nähert. Eine lange und alpine Tour. Sichere Schneelage notwendig.
Die Route: Der Aufstieg beginnt direkt am Ponyhof, ca. 1,5 km vor Fusch. Er führt an die Waldzone heran, durch diese hindurch, zur Vorderen Judendorfalm und weiter zur Wachtbergalm bzw. Skihütte. Jetzt folgen weitere Mulden und Hänge: Aufstieg zum Sattel zwischen Roßkopf und Imbachhorn, kurze Abfahrt nach Süden, Querung zur Scharte südwestlich des Gipfels und über breite Rücken zum Gipfel.

Kloben, 2938 m

Ausgangshöhe	Aufstieg	Zeit	Hangrichtung
2400 m	500 m	1½ Std.	Nord

Allgemeines: Mit Öffnung der Glocknerstraße werden ab der Mautstelle Kleinbusse eingesetzt, die täglich hundert und mehr Skifahrer hinauf zum Fuschertörl und dann vom Ende der Abfahrt wieder zurück zur Mautstelle befördern. Eine interessante, schöne Tour, die 1600-Abfahrts-Hm bietet, aber teilweise Piste ist.
Die Route: Vom Fuschertörl die Straße noch 500 m weiter fahren, dann zu Fuß auf die Scharte zwischen Törlkopf und Brennkogel hinauf, jenseits kurz hinab und durch das Brennkogelkar auf den Kloben. Die Abfahrt führt zunächst nach Süden, dann über das Spielmannskees ins untere, immer steiler werdende Kefertal und zu Fuß zur Fahrstraße, wo man sich (siehe Foto auf der vorigen Seite) zu den auf den „Rücktransport“ wartenden Skifahrern gesellt.

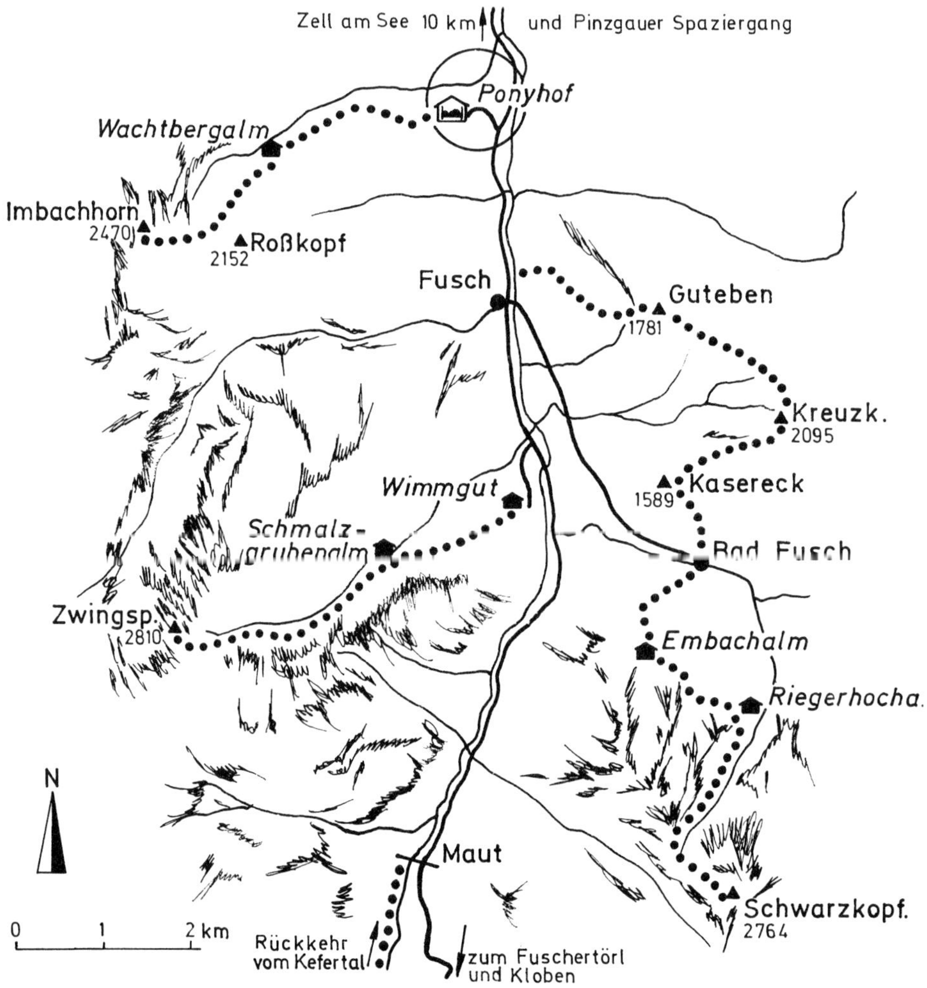

Pinzgauer Spaziergang

Ausgangshöhe	Aufstieg	Zeit	Hangrichtung
1965 m	600 bis 1000 m	10 Std.	meist Süd Schluß West

Allgemeines: Diese Tour beginnt an der Schmittenhöhe und endet nach 25 km Luftlinie in der Nähe des Paß Thurn. Sie führt über 6 Scharten und 15 bis 18 Gipfel, je nach dem, was man mitnehmen oder (meist südlich) umgehen will. Wenn man den Gaißstein gegen Ende der Tour mitbesteigen will, so ist das der höchste Punkt der Tour (2369 m). Ob man diese Route an einem Tag oder mit Biwak (in einer der vielen Heuhütten) oder auch mit Abfahrt nach Norden, nach Hinterglemm und Fortsetzung am nächsten Tag machen will, ist Geschmackssache und Konditionsfrage. Freilich: Wer sich auf große Abfahrten freut, der kommt nicht auf seine Rechnung. Diese „Wanderung" bietet erst am Schluß (entweder durch das Sintersbachtal oder vom Gipfel des Kuhkasers) 1000-Hm-Abfahrt nach Westen, am besten zum Wirtshaus Alte Wacht.
Die Route: Man fährt am besten am Nachmittag mit der Gondelbahn auf die Schmittenhöhe; Pistenabfahrt zum Kettingtörl und dann eine Viertelstunde durch Wald zum Pinzgauer Haus (1695 m) Naturfreunde. In Zell am See oder auch an der Schmittenhöhen-Bahn fragen, ob es geöffnet ist, Tel. (06542) 3691. Am nächsten Morgen möglichst noch vor Sonnenaufgang starten: in einer Stunde auf den Maurerkogel (2074 m). Den weiteren Wegverlauf zeigt das Freytag-Berndt-Blatt WK 382 sehr gut.

Der Blick vom Imbachhorn nach Süden, auf den Hohen Tenn (links), rechts der Bauernbrachkogel, über diesen führt der Gleiwitzer Höhenweg für die Sommerbesteigung des Hohen Tenn. Diese Ecke im Herzen der Hohen Tauern ist sommers und winters sehr wenig besucht.

König Dachstein

Riesenabfahrten und Klassetouren aus der Ramsau

Die berühmte Südwandflucht des Dachsteinmassivs: links Torstein, dann Mitterspitz, rechts ansetzend der Dachstein-Hauptgipfel. Ganz links im Bild das schattige Ostkar herab wie in der Beschreibung zu Tor- und Raucheck.

Alpengasthof
Peter Rosegger
mit Alpinschule Dachstein
A-8972 Ramsau
am Dachstein Nr. 233
Steiermark
Leitung:
Barbara und Fritz Walcher
Tel. (03687) 81223
D: (0043-3687) 81223

Öffnungs-/Ruhezeiten: Nach Ostern 4 Wochen und im November geschlossen
Preiskategorie: I, nur Halb/Vollpension
Anzahl der Skitouren: 3
Lage des Hauses: In 1207 m Höhe an einem Waldrand, 2 km vom Ortszentrum entfernt
Zufahrt: An der Verbindungsstraße Radstatt–Liezen in Schladming in nördlicher Richtung nach Ramsau abzweigen. In Ramsau-Zentrum noch 2 km in Richtung Filzmoos bis Ramsau-Vorberg (kurz nach Pension Reinhard Tritscher südlich abzweigen).
Zimmer: 30 Betten in Zwei-, Drei- und Vierbettzimmern, alle mit Dusche oder Bad/WC
Besonderheit: Hüttenstuben mit Dusche/WC; Zentralheizung. Gastronomie nur für Hausgäste.
Essen im Haus: Ja
Frühstückszeit: Ab 8.00 Uhr oder nach Vereinbarung
Einkaufsmöglichkeit für Proviant: Im Ort
Parkplatz: Am Haus
Garage: Nein
Schneeketten für Zufahrt: Zum Haus nein, für Tourenzufahrten ratsam
Skiraum: Ja
Anreise mit öffentlichen Verkehrsmitteln: Bahnstation Schladming/Steiermark, dann 10 km mit Bus oder Taxi
Andere Sportmöglichkeiten: Langlaufen (Loipe am Haus), alpin Skifahren, Rodeln, Tiefschneewandern, Schneeschuhwandern, Schwimmen
Wer weiß im Haus über Skitouren Bescheid: Der Inhaber Fritz Walcher führt selbst

Blick in die Speisenkarte, Spezialitäten: Individualität und Gesundheit sind hier groß geschrieben, und so auch der Tagesbeginn mit einem alpenländischen Frühstück, nach eigenen Wünschen zusammengestellt, in schlemmerischer Vielfalt (im üblichen Halbpensionspreis enthalten). Wer das erste Frühstück verschläft, es gibt auch ein zweites, geeignet ebenso als Mittags-Jause. Zwei Menüs, neben einer Tageskarte, zum Beispiel Rahmsuppe mit frischem Kerbel, Rostbraten mit Lauch-Tomaten-Gemüse und Butternudeln, Salat vom Salatwagen, als Nachspeise eine Linzer Vollkornschnitte. Ich hatte mich für eine Gemüseplatte mit 9 Gemüsesorten entschieden – eine diffizile Zubereitung wegen der verschieden langen Garzeiten. Urteil? Eins mit Stern!

Aus meinem Notizbuch:
Das Wort „Symbionten" nehme ich mir aus der Biologie zu leihen für das nutzbringende Zusammenwirken der Wirtsleute Fritz und Barbara Walcher! Die Roseggerwirtin, mit ihren ausgeklügelten gastronomischen, gesund-bewußt durchdachten Details, in Harmonie mit dem Pionier des zeitlosen Alpinismus, dem Telemark kein Fremdwort ist und der die Schneeschuhe der Großväter nie beiseite stellte – beide unter dem Dach des 1975 erbauten Hauses mit der Struktur des Salzburger Bauernhof- und Landhausstils und steirischer Inneneinrichtung in Zirben- und Fichtenholz, mit geschichtlichem Bezug in Bildern, Handwerk und Handarbeit. Kurz: Alpin-gastronomische Oase!

Der Dachstein ist einer der bekanntesten Alpengipfel und seine Südseite, die Ramsau, ein besonders schöner Flecken in der Steiermark: ein 18 km langes, sonniges Hochplateau, 350 m oberhalb des Ennstales, jener verkehrsreichen Durchgangsschneise, gelegen. Die Ramsau ist inzwischen auch im Winter sehr attraktiv geworden. 140 km Loipen gibt es hier, 22 Schlepplifts und die Großgondelbahn zum Dachstein, die in 5 Min. Fahrzeit 998 Hm überwindet und pro Stunde in ihren beiden 70-Personen-Kabinen 700 Menschen auf das Dachsteinplateau hinaufbefördert. „Ganzjahreslanglauf" in 2700 m Höhe preist der Prospekt an, aber oben, auf dem Gletscher gibt es auch noch drei Schlepplifts und eine Doppelsesselbahn für die Freunde des Pistenfahrens.
Doch bleiben wir zunächst im Tal, in der Ramsau. 70 km geräumte Winterwanderwege gibt es, und etwas Neues: geführte Wanderungen auf Langlaufskiern sowie Schneeschuhwanderungen, und dazu natürlich auch geführte Skihochtouren. Das Bergführerbüro in Ramsau-Ort vermittelt sie; Bergführer Fritz Walcher, Leiter der Alpinschule Dachstein, weiß am besten Bescheid.
Natürlich kann man am Dachsteinmassiv auch Skitouren und lange Abfahrten nach Norden, nach Hallstatt oder Gosau durchführen. Wir bleiben jedoch im Süden. Hier sind es durchwegs mehr oder weniger steile Kare, die befahren werden können, entweder im Hochwinter, zur Pulverschneezeit, oder aber (besser!) im Frühjahr, wenn Firn für besonders sicheres, genußvolles Skifahren garantiert. Die Dachsteinseilbahn erschließt einige schöne Skitouren. Die Maut auf der Fahrstraße kostet pro Person 22, die einmalige Auffahrt 115 (für Alpenvereinsmitglieder 105) Schilling (Stand: Frühjahr 1987). Allerdings verkehrt diese Gondelbahn nicht zwischen Ende April und Ende Mai. Dann muß man diese Kare und Abfahrten eben zu Fuß begehen.
So bietet die Dachsteinsüdseite für Skitourenfahrer rassige, vielseitige Möglichkeiten, die zu den Superlativen in diesem Buch zählen!

Hoher Dachstein, 2995 m

Ausgangshöhe	Aufstieg	Zeit	Hangrichtung
2700 m	300 m	2½ Std.	Nordost

Allgemeines: Einer der bekanntesten Alpengipfel. Er kann von Norden, also von Hallstatt über die (zur Skitourenzeit geöffnete) Simonyhütte erstiegen werden. Die meisten Besucher nehmen jedoch die Seilbahn auf seiner Südseite.
Die Route: Von der Bergstation nach Nordwesten über den flachen und spaltenfreien Hallstattgletscher zur Dachsteinwarte und zur Randkluft (wo der Gletscher am höchsten in Richtung Dachsteingipfel hinaufragt – bis hierher 1½ Std.). Nun zu Fuß über gesicherte Felsen in 1 Std. auf den Gipfel.

Großer Gjaidstein, 2792 m

Ausgangshöhe	Aufstieg	Zeit	Hangrichtung
2700 m	100 m	1 Std.	Ost und Nordost

Allgemeines: Ein kleiner Gipfel, vom Restaurant der Bergstation besonders schön zu sehen, mit sehr guter Aussicht, genau zwischen Hallstätter und Schladminger Gletscher gelegen.
Die Route: Von der Gondelbahn-Bergstation zum Gjaidsteinsattel und über den Kleinen Gjaidstein-Südgrat auf den Großen Gjaidstein. Abfahrt ebenso oder über die Ostflanken von Kleinem und Großem Gjaidstein (nur bei lawinensicheren Verhältnissen!).

Tor- und Raucheck, 2187 m

Ausgangshöhe	Aufstieg	Zeit	Hangrichtung
1185 m	1000 m	3 Std.	Ost und Süd

Allgemeines: Eine landschaftlich sehr schöne Tour, wenig begangen, mit großartiger Abfahrt unter den Südabstürzen des Dachsteinmassivs.
Die Route: Die Autostraße in Richtung Filzmoos, bis ca. 4 km nach der Abzweigung der Mautstraße zur Seilbahn die große Straßenkurve über den Bach passiert wird (Landesgrenze Salzburg–Steiermark). Unmittelbar nach der Brücke großer Parkplatz und Schild „Bachlalm 3 km“. Hier folgt man dem Fahrweg, verläßt ihn aber nach etwa einer ¾ Std. auf einer Lichtung und läßt die Bachlalm links oben liegen. Nun durch den Schnittlauchboden ins Windlegerkar und rechts auf das Tor (zu Fuß evtl. auf das Raucheck in 20 Min.). Wunderschöne Abfahrt jenseits hinunter und zurück zum Parkplatz.

Sechs teilweise hochalpine Abfahrten

lassen sich von der Bergstation der Gondelbahn zurück in die Ramsau durchführen:

Die Edelgrießabfahrt wird am häufigsten unternommen. Man fährt von der Bergstation ca. 30 Hm nach Osten zur Langlaufloipe und ihrem Stationshäuschen ab, steigt dann mit geschulterten Skiern zum Tunnel auf (25 m lang) und durchschreitet ihn. Oder man steigt zur etwas höher gelegenen Austriascharte (2736 m). 20 Hm über der Scharte oder auch vom Tunnelende quert man etwa 100 m nach Osten; hier wird nach links auf den kleinen Edelgrießferner abgefahren und weiter nach Süden

durch das riesige Kar entweder zum Autoparkplatz an der Talstation oder auch bis nach Ramsau.

Die Koppenkarsteinumfahrung führt von der Bergstation nach Norden, hinunter auf den Pisten bis zur Talstation des letzten Lifts und weiter ins Koppenkar. In seinem tiefsten Punkt schnallt man die Felle an und steigt in großem Rechtsbogen durch das Koppenkar auf den Edelgrießgletscher und fährt dann ab, wie soeben beschrieben.

Die große Abfahrtsrunde über das Guttenberghaus holt noch weiter nach Osten aus: Man schnallt am Beginn des Koppenkars die Felle an und steigt entweder durch das Langfriedtal auf die Gruberscharte und fährt durch das Gruberkar nach Süden bis zum Gasthaus Feisterer. Oder man geht mit Fellen aus dem Landfriedtal noch östlich um den Eselstein herum auf die Feisterscharte und fährt direkt über das Guttenberghaus und den Sommerweg ebenfalls zum Gasthaus Feisterer. Beides zwei großzügige, 3 bis 4 Std. dauernde Tourenabfahrten, bei denen der Plateaucharakter auf den langen, flachen Stücken eindrucksvoll erlebt wird.

Die Abfahrt durch die Schwadering ist ein hochalpines Unternehmen, nur bei Firn und für sichere Fahrer zu empfehlen. Man überschreitet die Austriascharte oder geht durch den Tunnel, hält sich dann nach 100 m Querung aber sofort nach rechts, steil nach Süden, durch Rinnen und über steile Flanken, unter der Gondelbahn hindurch, dann scharf nach rechts (um die Felsabbrüche zu umgehen) und zurück zur Talstation.

Fluderrinne und Gamsfeldabfahrt sind im oberen Teil mit der Edelgrießabfahrt identisch, führen dann aber durch steile Kare, bei denen stellenweise abgeklettert werden muß! Sie sind nur etwas für Experten oder geführte Gruppen und führen über insgesamt 1500 Hm zurück in die Ramsau.

Die Dachsteinumfahrung dauert 7 bis 8 Std. und ist auch nur etwas für versierte Skibergsteiger. Sie führt von der Bergstation über den Hallstätter Gletscher, die Steinerscharte, den Gosaugletscher, an das Torsteineck, über den Linzer Weg zur Windlegerscharte (steil, oft harter Schnee) und durch das Windlegerkar zur Bachlalm.

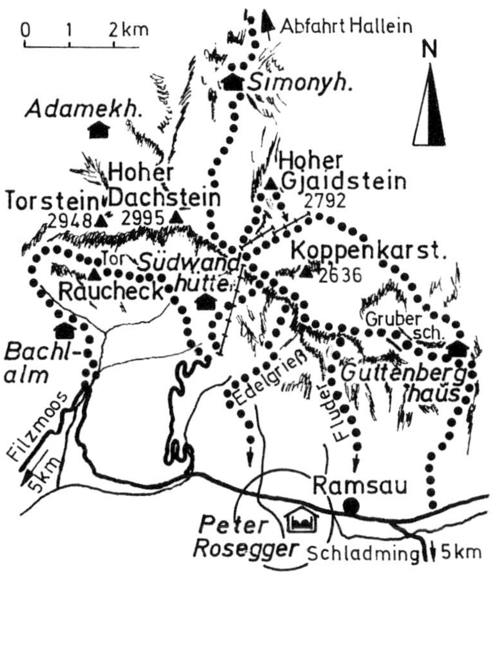

Links die Autorin dieses Buches auf dem Hohen Gjaidstein (dahinter der Gipfel des Hohen Dachstein). Rechts die Abfahrt vom Tor, die dann weiter nach Südosten über die Neustadtalm zum Parkplatz hinabführt.

Skitouren im Salzkammergut

Zwischen Tennengebirge und Paß Gschütt

Alpenhotel Gasthof Neuwirt
Saag 10
A-5442 Rußbach
Salzkammergut
Leitung:
Johann und Maria Fasl
Tel. (06242) 226
D: (0043-6242) 226

Öffnungs-/Ruhezeiten: Geschlossen von 1. November bis Mitte Dezember und nach Ostern bis Mitte Mai
Preiskategorie: II
Anzahl der Skitouren: 5
Lage des Hauses: In 817 m Höhe zwischen der Ortsstraße und dem Rinnbach, kurz unterhalb der Kirche
Zufahrt: Autobahn Salzburg, Richtung Hallein, Ausfahrt Golling, über Abtenau bis Rußbach (unterhalb des Passes Gschütt)
Zimmer: 46 Betten, Ein-, Zweibett- und Mehrbettzimmer, alle mit Dusche oder Bad/WC, Balkon; Zentralheizung
Essen im Haus: Ja
Frühstückszeit: Ab 7.30 Uhr, nach Vereinbarung auch früher
Einkaufsmöglichkeit für Proviant: Im Ort
Parkplatz: Am Haus
Garage: Nein
Schneeketten für Zufahrt: Nein
Skiraum: Ja
Anreise mit öffentlichen Verkehrsmitteln: Bahnstation Golling, dann Postbus bis zum Gasthof
Andere Sportmöglichkeiten: Langlaufen, alpin Skifahren (200 m entfernt 4 Lifts), Rodeln, Eislauf, Eisstockschießen
Wer weiß im Haus über Skitouren Bescheid: Niemand, aber der Leiter der Skischule, Georg Höll, steht gerne mit Auskünften über Skitouren zur Seite

Blick in die Speisenkarte, Spezialitäten:
Das Frühstücksbuffet ist mit Frischware. Die Küche steht ansonsten unter dem Motto „eigene Hausschlachtung", daher überwiegen die Fleischgerichte, z. B. Gegrillte Kalbshaxe, Fleischfondue. Mittags und am Abend wird ein Menü aufgetischt. Ja, man lebt hier ganz schön üppig: Eine Neuwirtshofplatte für 2 Personen mit dreierlei Fleischsorten ist kaum zu schaffen, oder 7 verschiedene Suppen und eine stattliche Zahl Nachspeisen lassen dem Hunger keine Chance.

Aus meinem Notizbuch:

Das Haus ist ein Doppelanwesen mit einem traditionsreichen Altbau, erworben vom Vater der Wirtin im Jahre 1936 (vorher schon seit 100 Jahren Wirtshaus), dann der Neubau eines Hotels aus den Jahren 1978/79, ausgerichtet auf die Komfortwünsche unserer Tage mit Frühstücks- und Fernsehraum und entsprechenden Zimmern. Gaststube und Küche sind im Altbau geblieben – und das ist gut so. Der Neuwirt ist das erste und größte Haus in Rußbach.

Übrigens: Die Schwester der Wirtin leitet den örtlichen Verkehrsverein und weiß über Unterkünfte bestens Bescheid. Wer also im Neuwirt keine Bleibe findet, der schaue auch nach den grün/weißen Schildern „Privatzimmer". Vielleicht ist dem einen oder anderen Skitourengeher weniger Komfort auch lieber und passender.

Weitere Unterkunftsmöglichkeit:

(1 km weiter westlich) Sporthotel garni, Gseng 53, A-5442 Rußbach, Leitung: Familie Höll (Georg Höll ist der Skischulleiter), Tel. (06242) 239. 30 Betten, Zimmer mit Balkon; Zentralheizung.

Wer die Autobahn von Salzburg über Hallein nach Süden fährt, sie bei Golling verläßt, dann nördlich am Tennengebirge vorbeifährt, der sollte einen Blick in die berühmten Lammeröfen werfen, eine tiefe Klamm direkt an der Straße. Er sollte auch die schöne gotische Kirche in Abtenau besuchen, bevor er dann nach 12 km Rußbach erreicht (nochmals 4 km weiter östlich liegt der Paß Gschütt).
Rußbach ist ein Sommer- und Wintererholungsort im Tennengau mit 800 Fremdenbetten in 9 Hotels und Gasthöfen, 8 Pensionen und zahllosen Privathäusern. Hier befinden sich 7 Lifts und 2 Loipen, allerdings in bescheidenen Ausmaßen (eine ist 1,5, die andere 6 km lang). „Riesen-Skischaukel-Dachstein-West" nennt sich dieser Bereich. Er preist 50 km Pistenabfahrten und 30 Lifts an; von Rußbach kann man über Pisten und Lifts hinüberwechseln nach Gosau, zum Gosausee, über Zwieselalm und Riedkopf bis nach Annaberg. Für Pistenfahrer also vielseitige, wenn auch nicht gerade rasante Möglichkeiten bis in eine Höhe von 1600 m. Recht viel höher sind halt die Salzkammergutberge nicht.
Für Skitourengeher gibt es reizvolle Möglichkeiten, die etwa mit den Kitzbüheler oder den bayerischen Vorbergen verglichen werden können: schöne, freie Hänge, in deren Wald- und Almbereichen man sich auch bei nicht ganz gutem Wetter zurechtfindet. Die Aufstiege dauern nicht länger als 3 Std., bieten aber wunderbare Ausblicke auf die Gipfel des Gosaukammes, auf Bischofsmütze, Dachstein und das benachbarte Tennengebirge. Und wenn das Wetter nicht mitspielt, lohnen Ausflüge zum Wolfgangsee, nach Bad Ischl (25 km) und ins Salzkammergut.
Wir schlagen hier drei Touren vor, die unmittelbar in Rußbach beginnen, sowie zwei lange und anspruchsvolle Touren im Tennengebirge. Die Möglichkeiten rund um Annaberg, das 9 km Luftlinie südlich von Rußbach liegt, seien hier nur für den guten Tourenfahrer angedeutet, der die verschiedenen Steilkare des Gosaukammes begehen möchte.

Gamsfeld, 2027 m

Ausgangshöhe	Aufstieg	Zeit	Hangrichtung
850 m	1200 m	3 Std.	West

Allgemeines: Das ist der am häufigsten im Bereich Rußbach–Paß Gschütt bestiegene Gipfel; meist sind Spuren vorhanden. Eine landschaftlich sehr schöne Tour, unten kurzer Waldbereich, oben freie Mulden und Hänge, im oberen Drittel steil (nur bei sicheren Schneeverhältnissen!). Schöner Aussichtspunkt: außer dem bayerischen Chiemsee kann man einschließlich der Salzkammergutseen 8 Voralpenseen erkennen.
Die Route: Man fährt in Rußbach mit dem Auto gleich hinter der Kirche links (nach Norden) zwischen den Häusern hinauf, erreicht nach wenigen 100 m die Brücke über den Rinnbach, überquert diesen und parkt 100 m weiter an der Schranke. Hier werden sofort die Felle aufgezogen, der Weg führt 30 Min. auf der Forststraße, vor einer Wildfütterungsstelle jedoch steil nach rechts durch den Wald aufwärts und weiter zur Angerkaralm (von Lawinen teilweise zerstört, 1400 m, Halbzeit).
Jetzt das flache Tal hinein, nach 20 Min. rechts hinauf in ein großes Becken und über den immer steiler werdenden Westhang hinauf auf den Kamm und über diesen (zuletzt flach) auf den Gipfel.

Braunedelkogel, 1894 m

Ausgangshöhe	Aufstieg	Zeit	Hangrichtung
850 m	1050 m	3 Std.	Süd

Allgemeines: Eine recht alpine Tour, steiler (und somit evtl. lawinengefährdeter) als das Gamsfeld, weniger oft begangen.
Die Route: Vom Parkplatz wie bei der vorigen Tour beschrieben das Tal des Rinnbaches auf der Forststraße hinein, an der Wildfütterungsstelle vorbei und zur weithin sichtbaren Rinnbergalm, einer inzwischen auf 7 Häuser einschließlich sommerlicher Jausenstation angewachsenen Siedlung (1240 m, 1 Std.). Jetzt das Tal nach Norden weiter hinein über schöne Skihänge und dann (anders als es der AV-Skiführer beschreibt!) entweder über eine Steilstufe hinauf und weiter auf den Silsattel direkt rechts (östlich) neben dem Gipfel, oder aber rechts haltend zum Rinnbergsattel und von diesem links (nach Westen) steil empor auf den Rücken, jenseits leicht abfahrend in den Silsattel und dann über steile Südosthänge auf den Gipfel. Die Abfahrt sollte in jedem Fall vom Silsattel direkt gewählt werden.

Schmalztrager, 1889 m

Ausgangshöhe	Aufstieg	Zeit	Hangrichtung
850 m	1050 m	2½ Std.	West

Allgemeines: Die kürzeste dieser drei Touren, ebenfalls nur bei sicheren Schneeverhältnissen; großer lohnender 600-Hm-Westhang.
Die Route: Wie vorher beschrieben zur Rinnbergalm. Nun jedoch (nicht wie im AV-Führer beschrieben) zum Rinnbergsattel, sondern besser von der Alm direkt die Hänge hinauf, im oberen Bereich schütterer Baumbestand, und schließlich auf dem Rücken nach Norden, zum Gipfel. Bei guten Verhältnissen kann die Abfahrt auch direkt nach Westen, in Richtung Rinnbergsattel und durch die Bachmulde hinaus zur Rinnbergalm gewählt werden.

Bleikogel, 2411 m

Ausgangshöhe	Aufstieg	Zeit	Hangrichtung
700 m	1700 m	5 Std.	Nord

Allgemeines: Das Tennengebirge, ein wuchtiger Kalkstock mit mehreren Steilkaren nach Norden, kann sowohl von Werfenweng über das Dr.-Heinrich-Hackel-Haus als 2-Tages-Tour überquert werden; häufiger aber besteigt man die Gipfel und Kare von Norden; typische Spätfrühjahrstouren, die große Abfahrtsfreuden im Mai-Firn garantieren. Alpine Erfahrung und gute Kondition sind notwendig.
Die Route: In Abtenau 2 km nach Südwesten fahren und den Tricklbauer erfragen (in der amtlichen österreichischen Karte eingezeichnet). Hier beginnt der Aufstieg: Über ein Steiglein durch den steilen Waldgürtel empor zu einer Jagdhütte (1529 m, neben dem Schwarzkogel auf der Karte eingezeichnet). Nun durch einen steilen Graben hinauf; das Gelände lehnt sich zurück, man hält sich über flache Mulden in Südwestrichtung auf den gut sichtbaren Gipfel zu. Abfahrt ebenso.

Scheiblingkogel, 2289 m

Ausgangshöhe	Aufstieg	Zeit	Hangrichtung
700 m	1600 m	4 Std.	Nord

Allgemeines: Von Norden, von Abtenau zeigen sich im Stock des Tennengebirges drei große Felsrippen, die herabziehen, und neben jeder liegt ein steiles Kar, das bis weit ins Frühjahr hinein begangen und befahren werden kann. Am meisten besucht wird „die Schwer“, das Kar zwischen Rot- und Schwarzwand. Eine ebenfalls lange und anstrengende Tour, wobei der Scheiblingkogel jedoch rascher und ohne den langen „Plateauhatscher“ zu erreichen ist als der vorher beschriebene Bleikogel.
Die Route: Von Golling bzw. Abtenau nach Oberscheffau und weiter nach Hinterscheffau bzw. Winklau. Hier der Markierung des Sommerweges nach, die erste Stunde durch Wald, dann durch die Schwer auf den Scheiblingkogel. Wer unberührte Hänge sucht, kann bei der Abfahrt statt in die Schwer weiter östlich in die Wies einfahren und durch das 1000-m-Kar zu Tal schwingen.

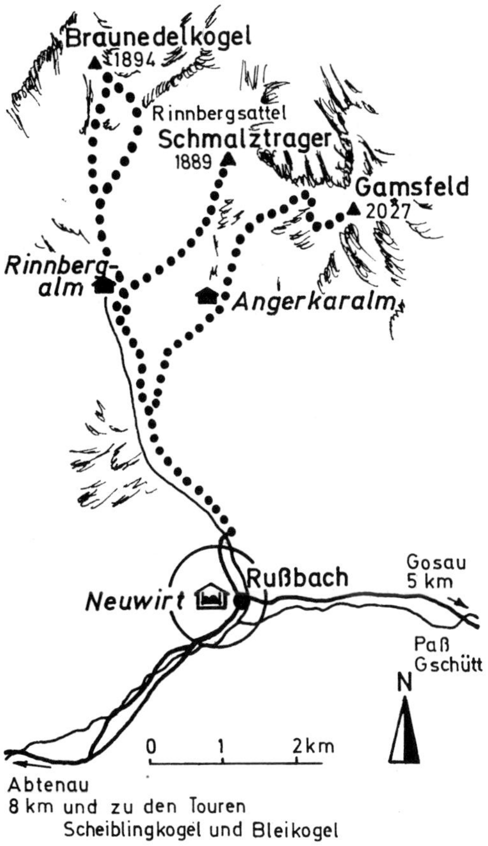

Spätfrühjahrsfahrten im Toten Gebirge

Auf dem Gamsfeld. Eine sehr schöne Aussicht belohnt den dreistündigen Aufstieg zu diesem vielbesuchten Skigipfel.

Kare und Gipfel rund um Hinterstoder

Gasthof zur Post
A-4573 Hinterstoder
Oberösterreich,
Totes Gebirge
Leitung: Sieglinde Rohregger
Tel. (07564) 5215
D: (0043-7564) 5215

Öffnungs-/Ruhezeiten: Nach Allerheiligen 3 Wochen geschlossen
Preiskategorie: III
Anzahl der Skitouren: 5
Lage des Hauses: An der Hauptstraße zum Talschluß (nachts wenig befahren), gegenüber der Kirche, im Ortskern
Zufahrt: Autobahn Salzburg–Linz, Ausfahrt Sattledt (bessere Straße) oder Vorchdorf, dann Richtung Kirchdorf bis Abzweigung, beschildert: Stodertal/Hinterstoder
Zimmer: 39 Betten in Ein- und Mehrbettzimmern, teilweise Dusche/WC, Balkon; Zentralheizung
Essen im Haus: Ja
Frühstückszeit: Ab 8.00 Uhr, nach Vereinbarung früher möglich
Einkaufsmöglichkeit für Proviant: Im Ort
Parkplatz: Am Haus
Garage: Nein
Schneeketten für Zufahrt: Zum Haus nein, für Tourenzufahrt ratsam
Skiraum: Ja
Anreise mit öffentlichen Verkehrsmitteln: Bahnstation Hinterstoder (10 km entfernt), dann Bus bis vor das Haus
Andere Sportmöglichkeiten: Langlaufen, alpin Skifahren, Eisstockschießen
Wer weiß im Haus über Skitouren Bescheid: Niemand, aber Auskunft wird eingeholt über den Skilehrer, Helmut Mayr, Tel. (07564) 5328

Blick in die Speisenkarte, Spezialitäten:
Auf Wunsch gibt es zum Frühstück Frischwurst und Käse, normalerweise gibt es „Abgepacktes“. In der Saison wird ein gesondertes Tagesmenü gekocht, es ist an einer Tafel angeschrieben, und außer den Standardgerichten eine Auswahl für die Tageskarte. Eine Stoder Brettljause ist für den Nachmittag gerade richtig, wie überhaupt die Auswahl an kalten Platten und kalten Vorspeisengerichten sehr gut ist. Fisch-, Fleisch- und Grillspezialitäten aller Varianten und Zubereitungsarten beinhaltet die ständige Karte.

Aus meinem Notizbuch:
Hinterstoder war die letzte Station meiner „Wirtshausreisen“ für dieses Buch, es war Nachsaison und der Ort machte einen recht verschlafenen Eindruck. Nur ein Haus war geöffnet, Gasthof zur Post. Und das war natürlich erstes Kriterium bei der Auswahl eines Gasthofs, daß er auch dann noch geöffnet hat, wenn die „Liftler“ ihre Skier bereits eingemottet hatten und das Feld den unentwegten Skitourlern überließen. Ich habe mich mit der „Post“ ganz gut angefreundet, wurde flink bedient, und bei Sonderwünschen blieb man geduldig. Seit 40 Jahren ist dieser Gasthof in Familienbesitz, ein Anbau erfolgte in den 70er Jahren, früher war mehr Landwirtschaft dabei. Im schönen Gastzimmer mit Kachelofen steht ein gut genutzter „Karteltisch“ für's Tarocken.

Weitere Unterkunftsmöglichkeit:
(Ortseingang) Pension Hubertus, Mitterstoder 44, A-4573 Hinterstoder, Leitung: Hackl Rainer. Tel. (07564) 5502. 14 Doppelzimmer, alle mit Dusche/WC, Balkon und 3 Appartements für 4 bis 5 Personen; Zentralheizung. Gasthaus Jaidhaus (gegenüber) gehört dazu.

„Eines der schönsten Alpentäler“ – so steht es im Prospekt über das Stodertal, aber so steht es auch in manchem anderen Prospekt. Kein Zweifel: Hinterstoder (600 m) liegt wunderschön, und die Pisten, aber auch die Tourenmöglichkeiten sind sehr gut. Daneben 22 km Loipen im Tal sowie eine „Höhenloipe“ auf den Huttererböden, 17 Bahnanlagen, wobei seit 1985/86 auf die Huttererböden eine moderne Sechser-Kabinenbahn fährt, die pro Stunde 2000 Personen befördert!
Das Tote Gebirge, an dessen östlichem Rand Hinterstoder liegt, ist ein 400 qkm großes Kalkmassiv mit Höhen bis zu 2500 m, mit 24 Berghütten, mit sehr guten Möglichkeiten für Kletterer, Wildwasserfahrer, Höhlenforscher und Skitourenfahrer. Die Abfahrten durch das Loigistal, die Dietlhölle oder auch die winterliche Überschreitung des Toten Gebirges haben unter Tiefschneefreunden hohen Rang. Den touristischen Ruf des Hauptgipfels, des großen Priel, hat bereits vor 160 Jahren Erzherzog Johann mit seiner Besteigung dieses höchsten Berges von Oberösterreich begründet. Heute steht auf seinem Gipfel das größte Gipfelkreuz der Alpen!
Das Tote Gebirge ist vor allem das Hausgebiet der Linzer Skifahrer und Bergsteiger. In einer Autostunde reisen sie an, aber auch die Wiener kommen in zwei Autostunden her, ebenso die Salzburger, während es von München drei Stunden dauert. Einige der Skitouren rund um Hinterstoder sind den ganzen Winter über möglich, wie z. B. die im Bereich der Hutterer-Höß-Bahnen oder auch die Prielbesteigung, deren Hauptzeit allerdings März bis Mai ist; dann hat auch das Prielschutzhaus geöffnet. Die beste Zeit jedoch dürfte die Zeit nach Ostern bis in den Juni sein.
12 Skitouren im Toten Gebirge beschreibt der AV-Skiführer Ostalpen, Band 4; der Spezialskiführer der Brüder Rabeder „Totes Gebirge“ bringt auf 195 Seiten über 800 Skirouten, allein 9 am Großen Priel und zwei Dutzend aus dem Stodertal. Das deutet die fast unerschöpflichen Tourenmöglichkeiten an. Wir beschränken uns auf ausgesprochene Mai-Firntouren, die für den Saisonausklang gut geeignet sind.

Großer Priel, 2515 m

Ausgangshöhe	Aufstieg	Zeit	Hangrichtung
600 m	1900 m	6 Std.	Ost

Allgemeines: Da das Prielschutzhaus ab Mitte März bewirtschaftet ist (Gepäcktransport mit der Materialseilbahn!), wird der Große Priel sehr häufig bestiegen, oft allerdings mit Übernachtung auf dem Prielschutzhaus als 2-Tages-Tour.
Die Route: Am Südende von Hinterstoder weist beim Johannishof ein großes grünes Schild zum Prielschutzhaus. Man parkt gleich unterhalb der Hauptstraße am Johannishof, überquert sofort die Steyr und wandert auf der Straße (Fahrverbot) westlich bis in den Talschluß. Der Aufstieg folgt dem Sommerweg bis zum Prielschutzhaus (1420 m, 3 Std.). Jetzt zwei Möglichkeiten: entweder durch das Kühkar bis an die Felsen unterhalb der Brotfallscharte und drahtseilversichert hinauf auf die Scharte und über den Westkamm einfach auf den Priel-Gipfel. Oder (wenn viel Neuschnee liegt oder die Felsen vereist sind) über die Klinserscharte und weiter nach Westen bis an den Fuß des Temlberges, dann auf den Fleischbanksattel und auf den Gipfel (dieser Anstieg dauert eine Stunde länger). Die Abfahrt erfolgt ebenso, ist aber unterhalb des Prielschutzhauses nicht mehr lohnend; das letzte Stück wird zu Fuß abgestiegen.

Dietlhölle, 1990 m

Ausgangshöhe	Aufstieg	Zeit	Hangrichtung
650 m	1340 m	3½ Std.	Ost

Allgemeines: Das ist die berühmteste Frühjahrstour im Toten Gebirge: ein weites Kar mit mehreren steilen Stufen, schneesicher bis in den Sommer. Allerdings muß man (je nach Schneelage) ganz unten die Skier ½ bis 1 Std. tragen, auf der Forststraße. Die Tour ist vergleichbar mit den Karen in den Berchtesgadener Alpen, den Loferer Steinbergen oder im Tennengebirge. Es empfiehlt sich sehr früher Aufbruch, damit man mittags wieder im Tal ist.
Die Route: Von Hinterstoder 5 km bis zum Dietlgut (Gasthaus), Parkplatz; anschließend auf der Forststraße (Fahrverbot) zu Fuß weiter bis an den Wald, über die Brücke und bei der Kapelle unmittelbar nach der Brücke links die Straße empor. Nach 45 Min. wird die kleine Jagdhütte erreicht, dann durch den Waldgürtel in das Kar und steil hinauf, immer links, nahe den Felswänden haltend. Nach mehreren steilen und wieder flachen Stücken wird ein flacher, meist ausgeaperter Rücken erreicht, der Dietlbühel. Hier rastet man vor der nun folgenden rassigen Abfahrt.

Sigistal, 1942 m

Ausgangshöhe	Aufstieg	Zeit	Hangrichtung
650 m	1300 m	4 Std.	Nord

Allgemeines: Eine schöne Karabfahrt, die meist im Frühjahr bei sicheren Schneeverhältnissen, aber auch im Hochwinter gemacht werden kann, wobei sie dann wesentlich länger ist, weil der Schnee weiter hinunterreicht. Skifahrerisch einfacher, aber landschaftlich genauso eindrucksvoll wie die Dietlhölle.

Die Route: Zunächst zu Fuß 1 Std. auf der Straße vom Parkplatz der Bärenalm-Seilbahn nach Süden zum Baumschlagerreit. Dann auf der Forststraße flach weiter, durch Wald zur Poppenalm und in das eigentliche Sigistal. Über eine Steilstufe, ein flaches Stück und nochmals am Schluß einen Steilhang erreicht man die Sigistalhöhe. Freier Blick nach Süden, auf Grimming, die Tauern und im Vordergrund die Tauplitzalm. Mit 20 zusätzlichen Fußminuten kann man den 2015 m hohen Grubstein mitnehmen. Eine 1300 m-Genußabfahrt mitten hinein in blühende Krokuswiesen schließt die Tour ab.

Schrocken, 2289 m

Ausgangshöhe	Aufstieg	Zeit	Hangrichtung
1403 m	900 m	3 Std.	Nord

Allgemeines: Von der Mittelstation Huttererböden häufig begangene Tour; im Mai in leichter Kletterei über den Nordwestgrat, sonst mit kurzem Abstieg ins Obere Rottal. Schöner, gleichmäßig geneigter 200-Hm-Gipfelhang hinab in den Elmplan.
Die Route: Auf der Mautstraße, vom Ortseingang Hinterstoder, auf die Huttererböden, dann mit einem der Lifts (oder zu Fuß, wenn die Lifts ab Ostern nicht mehr fahren) auf die Hutterer Höß (1858 m). Jetzt flach nach Süden, auf die Schafkögl und an den Fuß des Nordgrates. Diesen mit den Skiern am Rücken hinauf – eine Stelle drahtseilversichert. Der Grat ist meist erst Anfang Mai entsprechend ausgeapert und leicht zu begehen.
Wer das nicht will, der quert von der Bergstation nur 10 Min. nach Südosten, fährt 30 Hm in einer steilen Rinne nach Osten ab und quert dann leicht abfahrend die steilen Hänge nach Süden und erreicht so das Obere Rottal. Dann über den gleichmäßig steilen Elmplan auf den Grat und nach rechts (Westen) in 10 Min. zum Gipfel des Schrocken.

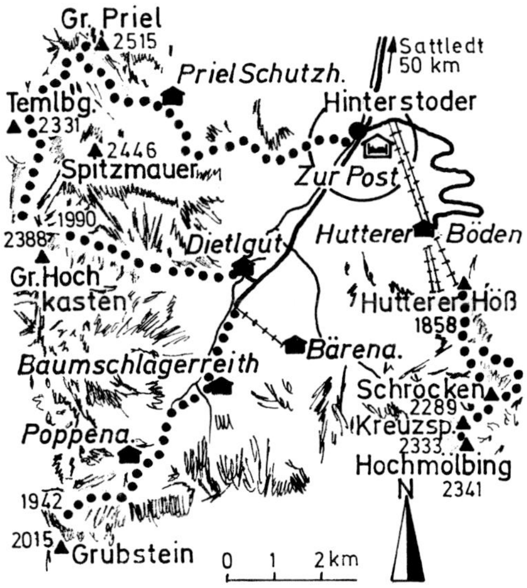

Hochmölbing, 2341 m

Ausgangshöhe	Aufstieg	Zeit	Hangrichtung
1400 m	950 m	4 Std.	Nord und Ost

Allgemeines: Ein prachtvoller Skigipfel mit ebenmäßigen Graten und Flanken, der sehr häufig von Südwesten, von der Hochmölbing- oder auch von der Lienzer Hütte aus bestiegen wird. Von der Hutterer Höß kann man ihn ebenfalls besteigen (von der Bergstation in 3½, von der Mittelstation in 4½ Std.).

Die Route: Man geht wie vorher beschrieben auf den Schrocken und überblickt dann den restlichen Aufstieg: über die Kreuzspitze (2333 m, schönster Aussichtsgipfel der Warscheneckgruppe) zum Hochmölbing.

Links: die Abfahrt vom Großen Priel zum Fleischbanksattel, in Bildmitte der Temmlberg.
Unten: der Blick von der Hutterer Höß auf die Hauptgipfel des Toten Gebirges: dominierend rechts die Spitzmauer; die Abfahrt durch die Dietlhölle zieht hinter der Spitzmauer schräg nach links hinab.
Das Farbfoto auf der nächsten Seite zeigt Bergsteiger im Aufstieg zum Großen Priel im steilen, hart gefrorenen Schneefeld. Das erleichtert zwar den Anstieg, kann aber bei einem Ausgleiten zu einem Sturz ins Bodenlose führen!

Einsteiger auf die Planneralm!

Kurze Skitouren über sanfte Hänge

Sportpension Reiter
und Skischule
A-8953 Donnersbach
Planneralm, Steiermark
Leitung: Günther und
Renate Reiter
Tel. (03683) 230
D: (0043-3683) 230

Öffnungs-/Ruhezeiten: Geschlossen von Anfang Mai (bzw. 1 Woche nach Ostern in der Regel) bis Anfang Juli und von September bis Weihnachten
Preiskategorie: II
Anzahl der Skitouren: 7
Lage des Hauses: In 1600 m Höhe im Ort Planneralm
Zufahrt: Bundesstraße Radstadt–Graz, Abzweigung Irdning, Richtung Donnersbach, dann 12 km Mautstraße bis Planneralm
Zimmer: 25 Betten in Doppel- und Dreibettzimmern, alle mit Dusche/WC, teilweise Balkon
Essen im Haus: Ja
Frühstückszeit: Nach Vereinbarung
Einkaufsmöglichkeit für Proviant: Im Ort
Parkplatz: Am Haus
Garage: Nein
Schneeketten für Zufahrt: Ja
Skiraum: Ja
Anreise mit öffentlichen Verkehrsmitteln: Bahnstation Stainach-Irdning (24 km entfernt) und Postbus bis Planneralm
Andere Sportmöglichkeiten: Alpin Skifahren, Para- und Drachenfliegen
Wer weiß im Haus über Skitouren Bescheid: Der Wirt, Skischulleiter Günther Reiter

Blick in die Speisenkarte, Spezialitäten:
Zum Frühstück hat man ein kleines Buffet mit Speisen- und Getränkeauswahl, Fruchtsaft und auch Müsli. Frischwurst oder Käse und abgepackte Nahrungsmittel sind abwechselnd geboten. Wer sich nicht am Menü beteiligen will, kann aus der Standardkarte wählen: zum Beispiel ein Bauernomelette, Schnitzelgerichte, Suppen oder Mehlspeisen.

Aus meinem Notizbuch:
Die gastronomische Auswahl ist im Gebiet Planneralm zwar nicht groß, aber solide. Und so habe ich mich auf die Verbindung zweier Vorzüge eines Hauses konzentriert: Einmal behagliche Unterkunft und zum anderen optimale Betreuung bei Skitouren, weil sich dieses Gebiet hervorragend eignet für „Toureneinsteiger" jeden Kräftegrades und Könnens. Die hauseigene Skischule stellt Skitourenanfängern das nötige technische „Rüstzeug" zur Verfügung. Und mit normalen Pistenstiefeln kann man allemal die ersten Versuche starten, wenn nur die Bindung und der Ski den erhöhten Anforderungen auf einer Tour angepaßt sind. Ja, da geht's dann los, exakt vor der Haustüre und hinauf zu den höheren Weihen mit Tiefschneefahren und erkämpftem Gipfelglück! Wer sich allein oder mit eigener Gruppe nicht getraut, der Wirt und Skischulleiter, Günther Reiter, denkt sich gerne eine Schnuppertour aus – die Berge um die Planneralm sind seine Heimat, er kennt die feinen und feinsten Hänge dieser friedlichen Skitourenlandschaft.

Weitere Unterkunftsmöglichkeit:
(5 Min. entfernt) Alpengasthof Tauernhaus, Planneralm 1, A-8953 Donnersbach. Leitung: Herbert Herdlicka, Tel. (03683) 210. 50 Betten in Ein-, Zwei- und Dreibettzimmern, mit Dusche/WC; Sauna, Zentralheizung. Das Haus wurde 1933 erbaut, ist innen und außen von angenehmer Stilart.

Plannerkessel – eines der ältesten Skitourengebiete Österreichs. Es liegt in den Niederen Tauern, auch Wölzer oder Donnersbacher Tauern genannt, auf halber Strecke zwischen Großglockner und Rax, zwischen Salzburg und Graz, südlich des Toten Gebirges, östlich vom Dachstein, in der Steiermark. Wenn wir die Lage der Planneralm hier so genau beschreiben, dann mehr für die Skifahrer aus Bayern oder Salzburg; die aus Linz, Graz oder Wien wissen ohnehin Bescheid.

Walter Pause schrieb vor 20 Jahren in einem seiner bekannten Tourenbücher über die Planneralm: „Kleine Ziele in großer Stille". Nun, die Stille ist heute nicht mehr ganz gegeben; 4 Lifts, 5 Gasthöfe und Hotels sowie 8 Jugend-, Alpenvereins-, Universitäts- und andere Häuser bedeuten entsprechend viele Gäste. Und wenn der kleine Prospekt über das Skiparadies Planneralm schreibt: „Vom Könner bis zum Anfänger kommt jeder zu seinem Skivergnügen", so stimmt der erste Teil dieser Aussage auch nicht ganz, denn Gelände und Pisten sind eher leicht, für Familien und Anfänger gut geeignet, was kein Nachteil sein muß! Und deshalb ist die Planneralm auch in diesem Buch das Tourengebiet für Anfänger und Einsteiger, für Leute, die kurze, einfache Touren ohne viel Gepäck wollen, die Tourenski, Steigfelle und entsprechende Schuhe ausleihen.

Der große, fast baumlose, 1600 m hoch gelegene Almkessel ist besonders schneesicher. Trotz der Lifts kann man die durchwegs kleinen Touren (die Gipfel reichen nur bis 2200 m) abseits der Pisten machen, kann sich immer wieder je nach Schneelage andere Abfahrtsvarianten suchen, kann auf Hängen in jeder gewünschten Himmelsrichtung abfahren. Man kann auch mehrere kleine Ziele aneinanderkoppeln, man kann Höhenwege machen, man kann auch bei schlechten Sichtverhältnissen noch losmarschieren, da Lifts, Bäume und verschiedene Gräben immer gute Orientierung erlauben.
Die Lifts entstanden ab 1960, die meisten Häuser wurden erst nach 1980 gebaut. Sportgeschäfte mit Skiverleih, Bars, Sauna, Kaufhaus, Selbstbedienungsrestaurants ergänzen das Angebot auf der Planneralm. Hier gibt es auch eine der ganz wenigen Skischulen, die regelmäßig Skitouren führen.

Goldbachscharte, 2000 m

Ausgangshöhe	Aufstieg	Zeit	Hangrichtung
1600 m	400 m	1 Std.	Nord

Allgemeines: Das ist eine Tour für Anfänger: kurz, einfach, über ideale Hänge, schneesicher bis in den Mai hinein.
Die Route: Ohne Liftbenützung vom Gasthaus Stieg neben der Talstation des Gläserbodenlifts rechts empor, immer nach Süden. Die Abfahrt verläuft ebenso über baumfreie Idealhänge.

Rundtour Goldbachspitze–Schreinl

Ausgangshöhe	Aufstieg	Zeit	Hangrichtung
1600 m	600 m	2 bis 3 Std.	alle Richtungen

Allgemeines: Es ist eine Erweiterung der vorher beschriebenen Tour.
Die Route: Von der Talstation des Gläserbodenlifts zur Goldbachscharte kurz vorher jedoch nach rechts (Westen) abzweigen zur Goldbachspitze (2062 m, 1½ Std.). Abfahrt nach Süden, zum Goldbachsee, Aufstieg über schöne Osthänge zum Schreinl (2154 m, ½ Std.), Abfahrt zurück zum Goldbachsee, dann über die Goldbachscharte und ideal geneigte Nordhänge zurück zur Planneralm – gerade richtig zum Mittagessen!

Hintere Gullingspitze, 2054 m

Ausgangshöhe	Aufstieg	Zeit	Hangrichtung
1900 m	250 m	1 bis 2 Std.	alle Richtungen

Allgemeines: Eine Tour mit Liftbenutzung auf einen formschönen Skigipfel, der Abfahrtsmöglichkeiten bietet nach Westen (Stallaalm), Südosten (Hintergulling) und nach Norden zur Neualm.
Die Route: Man benutzt den Gläserbodenlift und geht von seiner Bergstation nach rechts in Richtung Großer Rotbühel. Dann fährt man nach Süden zum Plientensattel ab und steigt über den Nordgrat (oft ohne Felle!) auf die Hintere Gullingspitze (ab Lift 1 Std.).
Abfahrtsmöglichkeiten: Entweder nach Norden ins Tal der Plienten (auch Weißgulling genannt) oder zurück zum Plientensattel und Großen Rotbühel, oder aber (noch schöner!) die Westhänge hinab zur Stallaalm und Aufstieg zur Goldbachscharte und Abfahrt nach Norden zurück zur Planneralm. Es ist auch eine Erweiterung aus der Scharte über Westhänge hinauf zur Jochspitze (2037 m, ½ Std.) denkbar und die Abfahrt über deren Nordhänge zur Planneralm. Alle diese Varianten wählt man am besten je nach Schneebeschaffenheit, Kondition, Lust, Laune und Wetter.

Hochrettelstein, 2220 m

Ausgangshöhe	Aufstieg	Zeit	Hangrichtung
1800 m	420 m	2 Std.	verschieden

Allgemeines: Das ist der höchste Gipfel im Tourengebiet zwischen Donnersbach und Gulling, sehr viel bestiegen, auch in Verbindung von Rundtouren. Bei der Abfahrt zur Planneralm ist ein kurzer Gegenanstieg notwendig.
Die Route: Man nimmt den Seekarlift, steigt zunächst zum Plannerknot (1996 m, 1 Std.) und weiter über Westhänge auf den Hochrettelstein (nochmals 1 Std.). Großartiger Dachsteinblick!
Die Abfahrt wählt man am besten nach Südosten ins Plienten- oder Weißgullingtal, unternimmt dann einen einstündigen Gegenanstieg zum Plientensattel und fährt über den Großen Rotbühel zur Planneralm ab. Man könnte vom Hochrettelstein auch noch 1 Std. weiter nach Nordosten gehen und die Seekoppe (2150 m, Abfahrt ins Plientental) mitnehmen.
Brennkogel, 1871 m
Diesen schönen Skigipfel mit besonders informativer Aussicht sollte man besteigen, wenn man bei den beiden vorher beschriebenen Touren im Plientental angelangt ist. Der Aufstieg dauert 1 Std.

Plannerseekarspitze, 2072 m

Ausgangshöhe	Aufstieg	Zeit	Hangrichtung
1800 m	300 m	1 Std.	Südwest

Allgemeines: Das ist der Hausberg der Planneralm, leicht erreichbar vom Seekarlift.
Die Route: Von der Bergstation zum Plannersee und dann über den sanft geneigten Südrücken direkt auf den Gipfel.

Gstemmer, 2104 m

Ausgangshöhe	Aufstieg	Zeit	Hangrichtung
1600 m	500 m	1½ Std.	Süden

Diesen Berg besteigt man ohne Lifthilfe vom Tauernhaus direkt über seinen langen Südhang. Sichere Schneeverhältnisse nötig (am besten bei Firn). Dann bietet der Gstemmer eine Idealabfahrt in einem Zug vom Gipfel bis in den Ort.

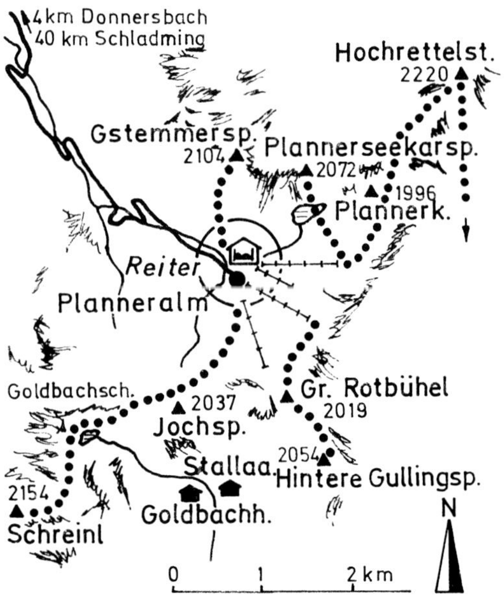

Links: zwei Bergsteiger im Aufstieg auf den Hochrettelstein.
Rechts: die Gasthaus- und Bergsiedlung Planneralm, deren Pisten- und Tourengebiet zwischen 1600 und 2200 m liegt.

Große Gesäusefahrten

Nach 4 Aufstiegsstunden haben diese Bergsteiger den Gipfel des Festkogels erreicht. Nach rechts fallen die 1000 m hohen Wände in das Ennstal ab. Der dominante Zacken links ist der Ödsteinkarturm mit dem Grat auf den Ödstein.

Sechs Klasse-Touren rund um Johnsbach

Gasthof Kölblwirt
A-8912 Johnsbach 26
im Gesäuse, Steiermark
Leitung: Marianne Berghofer
Tel. (03611) 216
D: (0043-3611) 216

Öffnungs-/Ruhezeiten: Ganzjährig geöffnet
Preiskategorie: III
Anzahl der Skitouren: 6
Lage des Hauses: In 850 m Höhe, 18 km von Admont entfernt, in der Mitte des Johnsbachtales (Seitental des Gesäuses)
Zufahrt: Über die Verbindungsstraße von Admont-Hieflau, Abzweigung beim Gasthaus Bachbrücke, dann kleine Teerstraße nach Johnsbach
Zimmer: 24 Betten in Zwei- und Dreibettzimmern, teilweise mit Dusche/WC; Zentralheizung
Essen im Haus: Ja
Frühstückszeit: Nach Vereinbarung
Einkaufsmöglichkeit für Proviant: 3 km entfernt, in Johnsbach
Parkplatz: Am Haus
Garage: Nein
Schneeketten für Zufahrt: Ja
Skiraum: Ja
Anreise mit öffentlichen Verkehrsmitteln: Bahnstation Johnsbach, dann mit Schulbus oder Taxi (8 km)
Andere Sportmöglichkeiten: Langlaufen (6 km Loipe am Haus), alpin Skifahren (Lift 380 m), Eisstockschießen, Rodeln
Wer weiß im Haus über Skitouren Bescheid: Der Schwiegersohn Ludwig Wolf

Blick in die Speisenkarte, Spezialitäten:
Vieles in dieser Gasthofküche ist noch hausgemacht, nicht nur die Kuchen, auch Würste und Grundnahrungsmittel sind aus der eigenen Landwirtschaft. Zum Frühstück gibt's Frischwurst und Käse als Zugabe, zu den Hauptmahlzeiten etwa sechs Fleischgerichte und zwei Menüs, zum Beispiel Fleischstrudelsuppe, Steirisches Cordon bleu (mit Topfen) oder Gefüllte Kalbsbrust.

Aus meinem Notizbuch:
Frische Krapfen wurden gerade gebacken, es war Faschingszeit. Ich muß sagen, so resch und noch warm angebissen, waren sie ein Hochgenuß! Zwei lustige Steirer hatten mich auf eine Skitour gelotst und dann war Einkehr in die alte Stube des Kölblwirts. Das einst kleine Anwesen wurde schon im Jahre 1448 erwähnt, es hatte damals 12 Pfennig und zwei Hühner abzugeben. Der alte Name: „Cholbel im Tal", und früher und heute gehört eine Schmiede dazu. In den Jahren 1965 und 1980 wurde ausgebaut, es hat aber von seiner schlichten und ursprünglichen Bauart nichts verloren. Dazugekommen sind zwei Gasträume. Die Wirtsleute sind herzlich, und man kann auch in die Küche hineinspitzen, um zu schnuppern, was gerade am Herd brutzelt und schmurgelt. Im Gastraum ist an einem Balken in schöner Zierschrift eingezeichnet:

„Der Adam hat d'Liab aufbrocht,
Der Noah den Wein,
Der David 's Zitherschlogn:
Müaß'n Steierer g'west sein!"

Das klingt ganz romantisch – „alpine Romantik"?

Weitere Unterkunftsmöglichkeit:
Gasthof Donnerwirt, A-8912 Johnsbach 2, am Ortsanfang. Leitung: Reinhold Berghofer, Tel. (03611) 218. 30 Betten, Zimmer teilweise mit Dusche/WC; Zentralheizung.

Die Gesäuseberge stehen seit Generationen bei Bergsteigern in hohem Ruf. Kletterrouten über 1000 m Wandhöhe, in allen Schwierigkeitsgraden, aber auch lange, einsame Wanderungen und nicht zuletzt die wilde Enns für Kajakfahrer (der Gesäuseeingang hat den höchsten Schwierigkeitsgrad!) machen diese Landschaft zu einem alpinen Höhepunkt in den Ostalpen. Daß es in diesem Bereich auch an die fünfzig Skitouren und Tiefschneefahrten gibt, wissen allerdings erst wenige!
Man könnte in Admont Quartier machen, dessen Stift die weltgrößte Klosterbibliothek besitzt (140000 Bände); hier gibt es 6 Skilifts und 60 km gespurte Loipen, Rodelbahnen, Hallenbad, Sauna sowie ein paar Schlösser und Kirchen in der Umgebung an Schlechtwettertagen zu besichtigen. Johnsbach, 700 bis 900 m hoch gelegen, ist Standort für 10 Skigipfel. Schon vor 500 Jahren sind in diesem 7 km langen Tal 15 Bauernhöfe nachgewiesen, seit 700 Jahren wurde hier Eisen, seit 300 Jahren auch Blei-, Kupfer- und Silbererz abgebaut. Heute ist davon nur wenig zu sehen. Sehenswert ist dagegen der kleine Bergsteigerfriedhof mit einer Gedenktafel für 451 Bergtote, die im Gesäuse zwischen 1810 und 1986 zu beklagen sind.
Wer hier Skitouren machen will, hat die Wahl zwischen den Routen südlich von Johnsbach (mit Nordhängen) und den Routen nördlich davon (Südhänge), die direkt auf die wichtigsten Gesäusegipfel führen. Nahezu alle kann man auch mit Skiern besteigen, wenngleich über teilweise steiles Gelände und mit etwas Kletterei im Gipfelbereich. Diese Touren sind lang, dauern im Aufstieg 4 bis 6 Std., führen über 1300 bis 1600 Hm und sind anspruchsvoll. Beste Zeit dafür ist das spätere Frühjahr, wenn der Schnee sich genügend abgesetzt hat.
„Johnsbach ist 20 Jahre zurück", das sagen böswillige Einheimische. Für Skibergsteiger ist das freilich eher eine Empfehlung, denn das bedeutet nämlich ruhige, solide Gastronomie, nicht allzuviel Betrieb auf Gipfeln und Wegen und urwüchsige, noch intakte Landschaft.

Leobner, 2036 m

Ausgangshöhe	Aufstieg	Zeit	Hangrichtung
1016 m	1000 m	3 Std.	Nord, Nordost

Allgemeines: Das ist der am meisten begangene Skigipfel dieses Gebietes, eine schöne, unkomplizierte Tour; lawinengefährlich höchstens nach starken Schneefällen im Gipfelbereich. Besonders schön und eindrucksvoll ist die Aussicht auf die gegenüberliegenden Touren auf die Gesäuse-Hauptgipfel.
Die Route: Ab Gscheideggerhof (hier endet die Fahrstraße von Johnsbach kommend, Parkmöglichkeiten für ca. 10 Autos) in gleicher Richtung taleinwärts die Forststraße weiter. Nach 20 Min. passiert man die Hütten der Grössinger Alm, dann geht es den „Sautrog" hinauf bis auf das Leobnertörl. Hier flach nach Westen, hinein in das große Gipfelkar und in weitem Linksbogen auf den Gipfel. Die Abfahrt wählt man besser vom Gipfel nach Norden und durch das große Kar zum Leobnertörl hinunter.

Gscheideggkogel, 1788 m

Ausgangshöhe	Aufstieg	Zeit	Hangrichtung
1016 m	750 m	2 Std.	West

Allgemeines: Leichter, kurzer Skiberg, der auch bei Schlechtwetter oder nicht so guten Sichtverhältnissen bestiegen werden kann.
Die Route: Zum Gscheideggerhof am Ende der Fahrstraße, die Forststraße wie zum Leobner taleinwärts. Bei der ersten Gabelung nach rechts und auf der Forststraße weiter auf den Kamm, der vom Gipfel nach Osten zieht. Über diesen Kamm auf den Gipfel.

Stadelfeldschneid, 2092 m

Ausgangshöhe	Aufstieg	Zeit	Hangrichtung
900 m	1200 m	3 bis 4 Std.	Süd

Allgemeines: Eine steile Tour auf einen untergeordneten Gipfel, der zwischen Heßhütte und Johnsbachtal steht, nur bei sicherem Firn zu empfehlen.
Die Route: 500 m vor dem Gscheideggerhof zweigt nach links ein Güterweg ab, der zunächst durch eine Klamm, später zur Pfarralm (1300 m, 1 Std.) führt. Hier beginnt das große Südkar. Weiter oben dann in großem Bogen nach links auf den Gipfel oder auch auf den östlichen Nachbargipfel, die Gsuchmauer. Die Abfahrt ist bei Firn (möglichst am Vormittag!) ein besonderer Genuß.

Blaseneck, 1969 m

Ausgangshöhe	Aufstieg	Zeit	Hangrichtung
1016 m	950 m	3 Std.	Nordost

Allgemeines: Diese Tour ist etwas komplizierter zu finden und auch (besonders im Gipfelbereich) steiler, wobei man (anders als beim Leobner) die steilen Stellen nicht umgehen kann.
Die Route: Zum Gscheideggerhof am Ende der Fahrstraße, sofort über die Brücke und den Planaugraben hinauf und durch Wald zum flachen Grund der Breitenberger Alm (1 knappe Std.). Dann über steilere, von einzelnen Bäumen bestandene Hänge empor, zunächst links, weiter oben rechts haltend und schließlich steil zum Ostgrat und über diesen (meist abgeblasen) auf den Gipfel mit schönem schmiedeeisernem Kreuz. Abfahrt ebenso.

Kreuzkogel, 2011 m

Ausgangshöhe	Aufstieg	Zeit	Hangrichtung
1100 m	900 m	2½ Std.	Süd

Allgemeines: Der Kreuzkogel ist nicht von Johnsbach aus zu erreichen, sondern er steht in der Reichensteingruppe westlich des Kalblings. Es lohnt sich aber, von Johnsbach die 28 Auto-km über Admont in die Kaiserau zu fahren und auch hier eine Tour zu unternehmen, die landschaftlich besonders eindrucksvoll ist. Aufstieg und Abfahrt vollziehen sich über teilweise steile Südhänge und -rinnen.
Die Route: Mit Auto oder Bus in die Kaiserau (2 Lifts, große Parkplätze). Hier flach in den Talgrund hinein, dann durch Wald empor und immer auf bewaldeter Rippe (oben steil!) hinauf bis zur Scheiblegger Hochalm (2 kleine Holzhütten, 1½ Std.). Dann über den freien Rükken hinauf auf den Gipfel. Bei guten Firnverhältnissen können die verschiedenen Rinnen nach Osten ins Roßkar abgefahren werden. Eine abenteuerliche und nur Gebietskennern zu empfehlende Abfahrt stellt die Route vom Kreuzkogelgipfel nach Norden, durch steile Waldschneisen nach Krumau in die Nähe des Admonter Bahnhofes dar.

Festkogel, 2269 m

Ausgangshöhe	Aufstieg	Zeit	Hangrichtung
850 m	1400 m	4 Std.	Süd

Allgemeines: Das ist die großzügigste und rassigste Tour aus dem Johnsbachtal, im oberen Teil sehr steil. Sie wird am besten im Frühjahr bei Firn unternommen. Der Festkogel ist außerdem einer der prominenten Gesäusegipfel, genau zwischen Ödstein und Hochtor gelegen und im Norden und Süden auf großzügigen Kletterrouten zu erreichen.
Die Route: Direkt beim Kölblwirt in Johnsbach steigt man den Sommerweg zur Heßhütte empor bis zum ersten Almboden kurz vor der Koderalm. Hier verläßt man den Weg zur Heßhütte und hält sich links und dann wieder nach rechts auf den „Rinnerstein". Weiter nach Nordosten, zuletzt steil in eine Scharte und am Grat entlang ohne Ski auf den Gipfel.

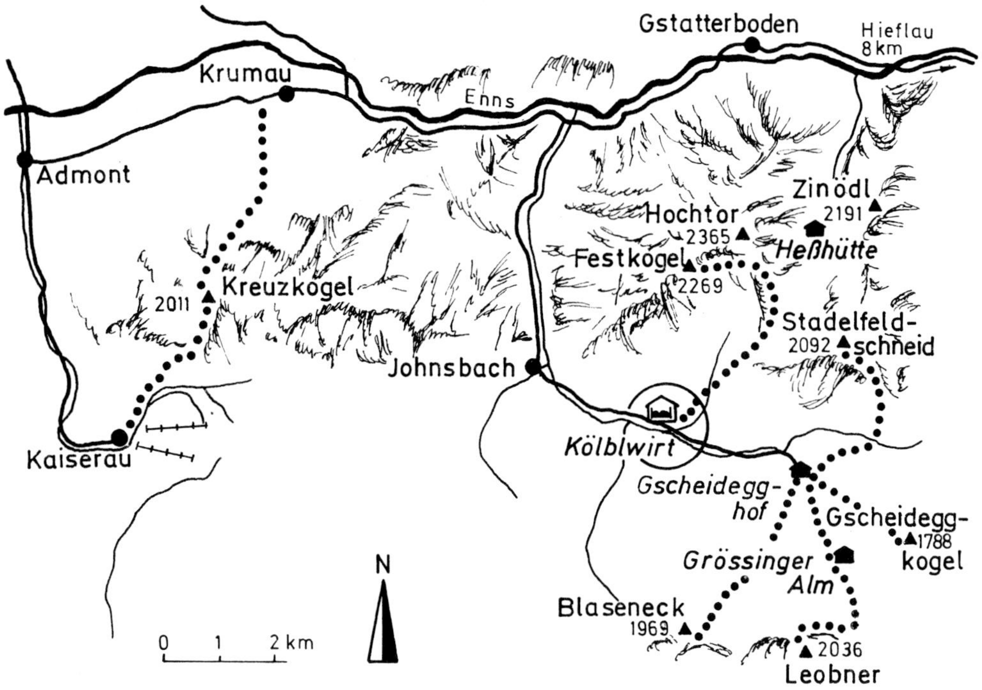

Dachl, Planspitze, Zinödl

Diese Hauptgipfel der Gesäuseberge sind über die Heßhütte (im Winter und Frühjahr geschlossen!) in jeweils 1½ Std. mit Skiern zu erreichen.

Links: der Aufstieg zum Maiereck, eine Tour, die den Gesäuse-Bergen nördlich gegenüber liegt. Im Hintergrund rechts die Reichensteingruppe, links der Kalbling.
Unteres Bild von links nach rechts: Ödstein, Festkogel und Hochtor. Genau in Bildmitte ist der Schneekarturm zu erkennen, um den die Abfahrt vom Festkogel herumführt.

Die nächsten beiden Seiten zeigen das Zentrum der Ötztaler mit der Wildspitze (über den rastenden Tourengehern).